ज़ोहरा सैगल

'फ़ैटी'

ज़ोहरा सैगल

‘फ़ैटी’

किरण सैगल

अनुवाद

बाल किशण बाली

नियोगी बुक्स

An imprint of Niyogi Books

प्रकाशक

नियोगी बुक्स

ब्लॉक-डी, बिल्डिंग नं. 77
ओखला औद्योगिक क्षेत्र, फेज़-1
नई दिल्ली-110020, भारत
दूरभाष: 91-11-26816301, 26818960
ईमेल: niyogibooks@gmail.com
www.niyogibooksindia.com

डिज़ाइनः शशि भूषण प्रसाद

ISBN: 978-93-86906-73-1
प्रकाशन वर्षः 2019

मुद्रकः नियोगी ऑफसेट प्राईवेट लिमिटेड, नई दिल्ली, भारत

विषयसूची

प्रस्तावना

जब किसी ने मुझसे अपनी माँ के बारे में एक किताब लिखने के लिए कहा तो मैं सोच में पड़ गई कि ''मैं उनके बारे में क्या लिखूँ ? बस यही कि वो मेरी माँ हैं ''ख़ास बात तो ये है कि मैं कोई लेखक नहीं हूँ–लिखाई से ज्यादा वास्ता रहा भी नहीं। मैं सिर्फ़ डांस कर सकती हूँ, इससे ज्यादा कुछ नहीं।

लेकिन किसी के इस तरह पूछने से ही लिखने की बुनियाद पड़ गई, और जैसे–जैसे दिन गुज़रते गए, मैंने इस बारे में सोचना शुरू कर दिया। ये बात सन् 2006 की है। मेरा मन मुंबई (तब बॉम्बे कहा जाता था) में उनके साथ बिताये मेरे बचपन की तरफ़ दौड़ने लगा, 41 पाली हिल जहाँ कभी मेरे पिता कामेश्वर सैगल और मेरा भाई पवन भी रहते थे।

कितना खुशहाल परिवार था हमारा। मेरी माँ की सख़्ती, मेरे पिता का हँसना, पड़ोसियों के साथ मिलना–जुलना, मेरा अपने दोस्तों के साथ पूरे परिसर में दौड़ना, स्कूल जाना और माँ के साथ पृथ्वी थियेटर जाना। मेरे डांस के शुरुआती सबक और ट्रेनिंग माँ के साये में हुए, मैंने माँ को डांस सिखाते हुए देखकर काफ़ी कुछ सीखा।

मैंने ये किताब किसी इतिहासकार या एक अनुभवी लेखक के तौर पर नहीं, बल्कि एक ऐसी बेटी के तौर पर लिखी है जिसने शुरू से अपनी माँ की ज़िन्दगी के उतार–चढ़ाव, उनके संघर्ष, उनकी ज़िन्दगी की त्रासदियों

सामने का पृष्ठः
'वीर–ज़ारा' में प्रीति जिंटा के साथ

किरन सैगल लंदन में अपनी माँ के साथ–दोंनों ने अपनी ज़िन्दगी के सफ़र में कई उतार–चढ़ाव देखे।

और उनकी बदलती मनोदशा को देखा हैं! मेरी माँ मेरी अजीज़ दोस्त भी हैं। हम झगड़ते हैं, हमारे बीच असहमतियाँ हैं और हम एक – दूसरे के आलोचक भी हैं–वो कुछ ज़्यादा और मैं कुछ कम – हम अपना और दूसरों का मज़ाक भी उड़ाते हैं। ये सब कितना मज़ेदार है।

27 अप्रैल, 2012 को मेरी माँ ज़ोहरा सैगल ने डांस, थियेटर, फ़िल्म, टेलीविज़न, और ये सफ़र जिसे हम ज़िन्दगी कहते हैं उसका सैकड़ा पूरा किया। उनका दावा था ''मैं अपने आप में सौ वर्षों का इतिहास हूँ!'' मुबारक हो अम्मी!

किरन सैगल

उनकी जड़ें

मेरी माँ, ज़ोहरा सैगल मूल रूप से एक यहूदी थीं, जिनका सम्बन्ध 1361 में अफ़गानिस्तान के रहने वाले एक यहूदी कैस से था। कैस जब मदीना गए तो वहाँ इस्लाम कबूल करने के बाद उन्हें अब्दुल रशीद कैस के नाम से जाना गया। उनका वंशवृक्ष लगभग 15वीं सदी तक चलता रहा, फिर वे अफ़गानिस्तान छोड़ कर नॉर्थ वेस्ट फ्रंटियर प्रॉविंस के रोह इलाके में कल्पैनी गाँव में बस गए, जो 'रोह' इलाक़े में था। इसीलिए उन्हें रोहिला पठान भी कहा जाता है। शायद यही कारण है कि मेरी माँ काफ़ी कंजूस हैं। उन्हें कुछ बातें बहुत ही दिलचस्प लगती हैं, जबकि वही बातें मुझे बहुत बेरहम और दुखदायी लगती हैं। उन्होंने मुझे ऐसी बात बताई जो उनके नाना के भाई जनरल अज़ीमुद्दीन ख़ान के साथ कभी घटित हुई थी। वे रामपुर की फ़ौज में कमांडर–इन–चीफ़ थेः एक बार वे तराई के जंगलों में शिकार पर गए, जनरल साहब ने लॉर्ड और लेडी कनॉट को भी शिकार का न्यौता दिया था। एक बाघ को घायल करने के बाद जनरल ने मेरी माँ के चाचा और उनके रिश्ते के भाई से कहा कि अगर वे सच्चे पठान हैं तो घायल बाघ को लाठियों से छेड़ें। उन्हें इस बेहद ख़तरनाक काम को अंजाम देना पड़ा था।

अम्मी के माता–पिता रामपुर से थे, वे रिश्ते में दूर के भाई–बहन लगते थे। उनके पूर्वज़ नवाब नजीबुद्दौला (1708–1770) थे। उनकी माँ का परिवार नज़ीबाबाद राज्य से ताल्लुक रखता था, लेकिन बाद में वे

बाएँ से दाएँ:
ज़ोहरा के नाना हमीदुज़्ज़ाफ़र ख़ान और दादा कमादान अताउल्लाह ख़ान।

रामपुर में बस गए थे। 1857 में नजीबाबाद के नवाब महमूद ख़ान थे, जो अंग्रेज़ों के खिलाफ़ थे। वे अपने छोटे भाई नवाब ज़लालुद्दीन खान को नजीबाबाद के सिंहासन पर बैठा कर स्वयं भोपाल भाग गए। जब अंग्रेजों की फ़ौज इस इलाके में आई तो उसने नवाब ज़लालुद्दीन ख़ान को गोली मार दी। उनकी कम उम्र विधवा, बेटे और बेटियाँ एक बैलगाड़ी में छिपकर अपने कीमती आभूषण व धन वहाँ से समेट कर भाग निकले। कई दिनों तक एक जंगल में भटकने के बाद किसी तरह वे मुरादाबाद पहुँचे, जहाँ मेरी माँ के बड़े चाचा जनरल अज़ीमुद्दीन ख़ान सेना में एक अफ़सर थे। चारों ओर विद्रोह की लपटें फैल रही थीं, इसलिए वे कई दिनों तक एक जंगल में चलते रहे और आख़िरकार वहीं मुरादाबाद में बस गए।

रामपुर राज्य के जिस अंगूरीबाग पैलेस में ये रहते थे, उसमें एक बहुत ही ख़ूबसूरत हौज है। जनरल अज़ीमुद्दीन ख़ान ने एक बार पाँच साल की अपनी भतीजी को इस हौज में फेंक दिया था और फिर तैरने का हुक्म दिया था। उसने अपनी जान बचाने के लिए तैरने की कोशिश की और फिर आगे चलकर एक कुशल तैराक बन गई। जनरल अज़ीमुद्दीन ख़ान की धेवती ने रामपुर राज्य के नवाब से शादी की, हालाँकि मेरी माँ के दादा शाही ख़ानदान से तो ताल्लुक नहीं रखते थे, लेकिन वे एक बहुत ही रईस इंसान थे।

उनके परिवार के पास दो महल थे जिन्हें दो–महला के नाम से जाना जाता है। इस इलाके को रामपुर में मोहल्ला–दो–महला कहा जाता था। उन्हें विरासत में इन महलों के अलावा अपनी सौतेली माँ से बहुत सारी सम्पत्ति भी मिली। मेरे नाना के महल के परिसर में हमेशा दो हाथी बंधे होते थे। अम्मी रामपुर में शायद ही कभी रही हैं। वे वहाँ केवल शादियों में या जब पूरा कुनबा इकट्ठा होता था, तभी जाती थीं।

मुझे हैरानी होती है कि आज के दौर में भी उन्हें अपने ख़ानदानी और एक पठान होने पर बड़ा नाज़ है। उनके दिमाग में ये बात उनके पूर्वजों ने बिठाई थी। मेरी माँ के अनुसार, 'रिश्ते और शादियाँ तय करने में 'नस्ल और खून देखा जाता है।' दूसरे शब्दों में, ये हिन्दू जाति प्रथा जैसा ही था जिसके अनुसार शादियाँ पारिवारिक पृष्ठभूमि और परवरिश को देखकर तय की जाती थीं। पुरखों की जाँच–पड़ताल बहुत ध्यान से होती थी, उनका ये भी मानना है कि ख़ानदान के अंदर ही हद से ज्यादा शादियाँ ठीक नहीं हैं, ख़ासतौर पर मुसलमानों में, जहाँ एक चचाज़ात, दूसरे चचाज़ात से शादी कर सकता है।

बहुत से लोग उन्हें 'घमंडी' कहते हैं और उनका मानना है कि ऐसा उनकी परवरिश और उनके बड़े भाई के प्रभाव के कारण हुआ है, जिन्होंने उन्हें सिखाया कि वे कभी न भूलें कि वे एक ख़ानदानी हैं, हमेशा ईमानदार रहें, कभी किसी चीज़ या शख़्स से न डरें, और हिम्मत से काम करें। वे कहती हैं कि पठान दो बातों के लिए मशहूर होते हैं – जिद्दीपन और हिम्मत। पहले जब लड़ाइयाँ होती थीं और जिन औरतों के पति मर जाते थे तो मोर्चे पर पड़ी उनकी लाशों को पठानी महिलाएं ही दफ़नाया करती थीं।

27 अप्रैल, 2011 को अम्मी निन्यानबे साल की हो गई थीं। फिर भी वो 16 से 18 साल की लड़की की तरह हैं! यक़ीन ही नहीं होता। उनका व्यक्तित्व अद्भुत और अद्वितीय है जिसके लिए मैं ईश्वर का शुक्रिया अदा करती हूँ। मैं ज़ोहरा सैगल की बात कर रही हूँ जो कि मेरी माँ हैं। ज़्यादातर समय में मैं उन्हें एक दोस्त समझती हूँ और जीवन के विशिष्ट पलों में डूबी हुई, मैं उन्हें अपनी माँ समझती हूँ।

शुरुआती दिन

आज भी जब अम्मी किसी बच्चे के साथ खेलती हैं, तो खुद भी एक बच्चा बन जाती हैं, और जो बच्चा उनके साथ खेल रहा होता है, वो माँ–बाप, बड़ी बहन या किसी बड़े का रोल निभाने लगता है। मेरी माँ को इसमें बड़ा मज़ा आता है। मैं अक्सर सोचती हूँ, कहीं ऐसा उनका बचपन गुम हो जाने की वजह से तो नहीं हो रहा? या फिर उनकी माँ की कमी की वजह से, जिसे उन्होंने सिर्फ़ साढ़े सात साल की उम्र में गँवा दिया था?

उनकी माँ ने ही बहनों को लाहौर के क्वीन मैरीज़ कॉलेज के बोर्डिंग स्कूल में भेजा था। अम्मी 19 अक्टूबर, 1919 को लाहौर के क्वीन मैरीज़ में दाखिल हुईं, तब उनकी उम्र 7 साल की थी। जब तीनों बहनें क्रिसमस की छुट्टियों के दौरान घर आई हुई थीं, तो जनवरी, 1920 में अपनी सबसे छोटी बेटी को जन्म देने के बाद वो चल बसीं, ये बच्ची तब सिर्फ़ 40 दिन की थी। शुरू में सबसे बड़ी बहन हज़राह और मेरी माँ ज़ोहरा ही बोर्डिंग स्कूल में थीं, बाद में धीरे–धीरे पाँचों बहनों को इसी स्कूल में भेज दिया गया। स्कूल में इन्हें साहिबज़ादी हज़राह बेगम और साहिबज़ादी ज़ोहरा बेगम कहा जाता था। मेरी नानी का नाम नतीक़ा बेग़म था जिन्हें 'नब्बन बी' कहा जाता था।

माँ शुरू से लेकर आखिर तक बहुत जिद्दी रही। बचपन में जब वे सुपारी काटने की कोशिश कर रही थीं, तो अपनी माँ के मना करने के बावजूद उन्होंने एक 'सिलबट्टा' उठा लिया। इस दौरान उनके बाएँ हाथ

सामने का पृष्ठः
ज़ोहरा की माँ, नतीक़ा बेगम जिनका देहांत तभी हो गया था, जब ज़ोहरा साढ़े सात साल की थीं।

की तीसरी उंगली का छोर कट गया। खून बहने लगा और ज़रा सा माँस भी निकल आया। नानी ने तुरंत घाव को साफ़ किया और जो माँस निकल आया था उसे उसकी जगह बिठा दिया। वो निशान उनकी उंगलियों पर आख़िर तक रहा। वो अक्सर अपनी माँ की कही बात याद करती थीः ''नाखून से कभी मत खुजाओ, नाखून के नीचे ज़हर होता है'' जब कभी अम्मी अपने नाखून काटती थीं तो उन्हें अपनी माँ की याद आ जाती थी। नानी बहुत ही सुंदर महिला थीं, उनके लंबे व काले बाल थे और मेरी माँ बताती थीं कि वे हमेशा एक 'सफ़ेद ढीला पायजामा, कुर्ता और दुपट्टा' पहना करती थीं। अम्मी का कद तब उनके घुटनों से ज़रा ही ऊपर था, लेकिन उन्हें सफेद रंग आज भी याद है।

नानी को छिपकलियों से डर लगता था (और ये बात हम सभी में है) और नाना, जो बहुत ही अच्छे शिकारी थे, वे अपनी बंदूक से इन छिपकलियों को मारते रहते थे। माँ बहुत खुशमिज़ाज़ महिला थीं। दोपहर में जब वे आराम करती थीं तो एक फर्शी पंखा कमरे को ठंडा करता रहता था (ये छत से लटकने वाले बड़े–बड़े पंखे थे जिनमें लगी एक मजबूत रस्सी कमरे के बाहर बैठे एक पुरुष नौकर के हाथ में होती थी। उसका काम धीरे–धीरे इस रस्सी को खींचना होता था ताकि पंखा हिलता रहे और हल्के–हल्के हवा आती रहे।)। अम्मी को अब भी याद है कि उनकी माँ के पेट पर प्रसव के बाद वाले निशान थे, और वे बहुत ही गोरी थीं। अम्मी और उनके भाई – बहन अपनी माँ के पेट पर बारी–बारी फूंक मारते थे और उन्हें हंसाते थे, और कहते थे 'अब मेरी बारी, अब मेरी बारी। लेकिन अफ़सोस कि वो अपनी सातवीं संतान को जन्म देने के बाद इस दुनिया से चल बसीं। अम्मी के पिता मोहम्मद मुमताज़उल्लाह ख़ान ने सातों बच्चों को अकेले पाला। अपनी बहन के कहने पर, उन्होंने 10 साल के बाद दूसरी शादी की लेकिन वे भी एक बच्चे को जन्म देते समय चल बसीं।

अम्मी के पिता ज़िन्दगी में उनके लिए बड़ी प्रेरणा थे। वे बहुत न्यायप्रिय थे। वे किसी भी स्थिति के दोनों पहलुओं को आँका करते थे और उनके इसी गुण की वजह से अंग्रेज़ हमेशा उन्हें हिन्दू–मुसलमानों के झगड़े शांत करने के लिए भेजा करते थे। वे अंग्रेज़ों के मुलाज़िम थे। जब मेरे पिता (जो हिन्दू थे) उनके पास गए और उनसे कहा कि वे मेरी माँ से शादी करना चाहते हैं, तब नाना बहुत परेशान हो गए। इस पर मेरे पिता ने कहा कि वे एक मुसलमान बनने के लिए तैयार हैं। लेकिन नाना को ये बात ठीक नहीं लगी। उन्होंने कहा – अगर मेरी बेटी हिन्दू

ज़ोहरा के पिता मौहम्मद मुमताजुल्लाह ख़ान, अपनी पत्नी के देहांत के बाद उन्होंने अकेले अपने बच्चों की परवरिश की

1950 का पृथ्वी थिएटर ग्रुप, फोटो में पृथ्वीराज, शशि और जेनिफ़र कपूर के साथ ज़ोहरा।

बन जाए तो मुझे कैसा लगेगा? हालांकि शुरू में वे मेरे माता–पिता की शादी के खिलाफ़ थे, लेकिन बाद में मेरे पिता के साथ उनकी बहुत अच्छी दोस्ती हो गई। जब अम्मी पृथ्वी थिएटर्स के साथ टूर पर जाती थी तो ससुर और दामाद, दोनों उनसे मिलने आया करते थे। इस दौरान मेरे पिता, नाना के लिए मछली बनाते थे और फिर दोनों ड्रिंक्स लेते हुए इसका लुत्फ़ उठाते थे।

मेरे नाना अपने बच्चों का पालन–पोषण करने के मामले में काफ़ी सख़्त थे। यहाँ तक कि जब माँ स्कूल जाया करती थीं तो सुरमा लगाने पर भी वो उन्हें डाँट दिया करते थे। हालाँकि उन्हें बाद में इसका मलाल भी होता था। शुरू – शुरू में माँ के शादी न करने के फ़ैसले को भी उन्होंने मान लिया था। एक दिन उन्होंने माँ को बुलाया और उन्हें वो चीज दी जिसके लिए उन्होंने पैसा बचाया था यानी उनका ट्रूसो – ये था मगरमच्छ के चमड़े से बना एक सूटकेस और तेंदुए की खाल से बना एक कोट। उन्होंने खुद इन दोनों जानवरों को मारा था। माँ और उनके कुछ भाई व बहनें नाना के साथ कभी–कभी शिकार पर जाते थे। डिप्टी कलैक्टर के तौर पर उन्हें सरकारी दौरों पर जाना पड़ता था और तब बच्चे भी उनके साथ जाते थे। कैनवस के तम्बुओं में उनका वक्त बहुत

अच्छा गुजरता था। सूखी घास को जमीन पर बिछाया जाता था और फिर उस पर उनके सोने के लिए गद्दे बिछाए जाते थे। जब उनके पिता व्यस्त होते थे तो बच्चे खेतों में जाकर गन्ने चूसते और बूट यानी कच्चे चने खाते थे और बड़ी दिलचस्पी से ये भी देखते थे कि गन्ने से गुड़ कैसे बनाया जाता है।

नाना का कद 6 फुट था, रंग गेहुँआ और बहुत ही शानदार कद–काठी थी। बचपन में उन्हें छोटी चेचक हो गई थी, जिसके निशान उनकी ख़ाल पर मौजूद थे। माँ को ऐसा नहीं लगता था कि वो दिखने में अच्छे लगते थे, लेकिन वे जब भी छुट्टियों के दौरान अपनी बेटियों को डलहौज़ी से लेने जाते थे तो बेटियों की कुछ टीचर उन पर फ़िदा हो जाती थीं। उनका व्यक्तित्व सचमुच बहुत प्रभावशाली था। 60 साल की उम्र तक वो खुद को फ़िट रखने के लिए एक्सरसाइज़ करते रहे। वे समय के बहुत पाबंद थे समय से दो घंटे पहले ही रेलवे स्टेशन चले जाते थे। अम्मी का भी यही हाल है, अगर उन्हें सफ़र करना होता है, या किसी फ़ंक्शन में जाना होता है, तो उनके साथ जाने वालों की अच्छी–ख़ासी शामत आ जाती है। वे एक दिन पहले ही अपने कपड़े, जूते/सैंडल, हैंड बैग और रूमाल निकाल लेती हैं। अपने पिता से उन्होंने एक और खूबी हासिल की है, वे अपनी चीज़ों को बहुत संभालकर रखती हैं।

सुरुचिपूर्ण वेशभूषा वाले उनके पिता के सूट और शेरवानी सुन्दर सिले होते थे और जूते बेहतरीन थे। वो गाने के शौकीन थे और सितार बजाया करते थे। उनका पसंदीदा गाना ग़ालिब का 'ये ना थी हमारी किस्मत,,,,' जिसे वो जब तब गुनगुनाया करते थे। एक बार मेरी माँ ने एक गाना कम्पोज़ किया और उनके सामने गा दिया तो उन्होंने तुरंत कहा "यह तो बहुत अच्छा है, ये राग मलखोंस है।" गाने के बोल थे:

दिन सावन के, और झूला ना डाला री,
कैसे कहूँ अय री सखी, पिया परदेरा री,
झूला ना डाला री,
सुरमा ना लागो मोरी अंखियाँ, मिस्सी ना लागो मोरे होंठ,
नंगी लागो मोरी बहियाँ, चूड़ियाँ ना पहनी री,
दिन सावन के, और झूला ना डाला री,

आगे बढ़ना

क्वीन मैरीज़ कॉलेज की स्थापना एक अंग्रेज़ महिला, मिस वैस्टर्न ने लाहौर में सन् 1908 में की थी। हालाँकि ये एक स्कूल था, पर इसे एक कॉलेज कहा जाता था, मगर अम्मी के कॉलेज से निकलने के बाद इसमें ग्रैजुएशन की पढ़ाई शुरू हो गई। शुरू के 20 साल सिर्फ़ 'कुलीन' परिवारों की लड़कियों को ही इसमें दाख़िला दिया गया। ये लाल ईंटों से बनी एक दो–मंज़िला इमारत है और इसका आकार तीन साइड वाली किसी चूल्हा जैसा है। इसके बीच में फव्वारे हैं, ये साइप्रस के पेड़ों से घिरा है और इसके बाज़ू में टैनिस कोर्ट भी है। यहाँ बैडमिंटन कोर्ट भी हुआ करते थे और एक बड़ा सा मैदान भी था जो एक नैट बॉल फ़ील्ड होता था लेकिन बाद में इसे हॉकी फ़ील्ड बना दिया गया। बैडमिंटन कोर्ट के एक साइड में भारतीय स्टाफ़ सदस्यों के क्वार्टर होते थे और दूसरी तरफ़ एक छोटा सा अस्पताल था। भारतीय स्टाफ़ में एक एंग्लो–इंडियन मेट्रन होती थी जिसे लड़कियाँ 'सिस्टर जी' कहती थीं और वह लगातार अपने विद्यार्थियों से कहा करती थी 'मैं चाहती हूँ कि मेरी लड़कियाँ इस दुनिया में फूलों की तरह रहें'। यह सुनते ही लड़कियाँ मुसकुराने लगती थीं। अम्मी याद करती हैं कि उन्होंने उनसे बहुत कुछ सीखा था। 'चूल्हे' के बीच के भाग में 'क्लासरुम्ज़' होते थे और पहली मंज़िल पर 'डोर्मिट्रीज़' होती थीं। इस आयत के दायें ओर नीचे प्रिंसिपल मिस कॉक्स का ऑफ़िस और क्वॉटर हुआ करता था। कुछ ब्रिटिश स्टाफ़ और अन्य स्टाफ़ के क्वाटर्स पहली

सामने का पृष्ठः
केनिलवर्थ में अभिनयः जब ज़ोहरा लाहौर के क्वीन मेरीज़ कॉलेज में थीं, उस दौरान इस नाटक का मंचन हुआ था।

पहाड़ी वेशभूषा में ज़ोहरा की टीचर मिस क्रिस्चियन

मंज़िल पे भी थे। माँ के कई ऐसे ब्रिटिश अध्यापक थे जिनके बारे में बात करते हुए वो अक्सर संजीदा हो जाती थीं। एक स्कॉटिश टीचर मिस लॉयड हार्वी को वो बहुत पसंद करती थीं, जिन्होंने उन्हें अंग्रेज़ी सिखाई थी। एक और टीचर थीं जिनका नाम था मिस कोमोज़ी। इटैलियन भाषा में 'कोमोज़ी' का अर्थ होता है 'माली'। स्कूल की लड़कियों को बड़ा अजीब लगता था कि एक माली की लड़की उनकी अध्यापिका थी। मिस एन. जे. टूगुड भी थीं जिनसे वे सभी डरते थे और उन्हें 'नॉटी–जंगली' कहते थे।

वो बहुत सख़्त थीं। लेकिन जब माँ को टायफ़ाइड हुआ तो मिस टूगुड ने ही उनकी देखभाल की थी। अम्मी भी उनसे बहुत प्यार करने लगी थीं और बाद में वे अक्सर एक–दूसरे को चिट्ठियाँ लिखती थीं। माँ को मिस हैरिसन एंगलो–चाइनीज़ लगती थीं, वे भी माँ से बहुत प्यार करती थीं। एक भारतीय मेट्रन माँ को 'प्रिटी जाम्फ़ा' कहती थीं। अम्मी मिस हार्वी, मिस टूगुड और मिस हैरिसन के सम्पर्क में नियमित रूप से रहती थीं और जब 1962 में वे इंग्लैंड गईं तो इन सबसे मिली भी थीं। अम्मी एक और खूबसूरत अंग्रेज़ आर्ट टीचर मिस हम्फ्री को भी याद करती थीं। अम्मी की सहेली मुमताज़ शाहनवाज़ एक डे बोर्डर थीं और अपने बाग से माँ के लिए वॉयलेट और नारसीसी के फूल लाया करती थीं। लेकिन नन्हीं ज़ोहरा शाम को चुपके से मिस हम्फ्री के कमरे में घुस जाती और शर्माते हुए चिक में से उन्हें वॉयलेट और नारसीसी के फूल देतीं। यह मिस हम्फ्री को बहुत पसंद आता और माँ इस बात से बहुत खुश हो जाती थीं।

टीचर मिस एन जे टूगुड, एक सख़्त टीचर थी, जिनसे स्टूडेंट डरते थे।

स्कूल में अम्मी को दो दोहरे प्रमोशन मिले, और 15 साल की उम्र में 1927 में 10वीं क्लास में पहुँच गईं। उस दौर में बच्चे सात साल की उम्र में पहली क्लास से पढ़ाई शुरू करते थे। मिस कॉक्स ने उन्हें वहाँ दो साल और रखा। उनका कहना था कि अगर वो उन्हें जाने देंगी तो उनका परिवार उनकी शादी कर देगा। जब मैंने माँ से पूछा कि उन्होंने उन दो बर्षों में क्या किया, तो उन्होंने मुस्कुराते हुए कहा – ''मेरा वक्त बहुत ही बढ़िया गुज़रा, और मैंने दो साल तक 'बैस्ट ऑलराउंडर' के लिए लेडी हेलीज़ सिल्वर कप जीता। लेकिन जब सालाना इम्तिहान हुए तो मुझे थर्ड डिवीज़न आया।''

गर्मियों में हर साल तीन महीने के लिए स्कूल डलहौज़ी शिफ़्ट हो जाता था। तब कक्षाएं खूबानी के पेड़ों के नीचे खुले में होती थीं। यहाँ की अपनी शुरुआती यात्राओं में से एक के दौरान उन्होंने हिमपात देखा था। उन्होंने यहाँ कई अलग–अलग फूलों के बारे में भी जाना जिन्हें उन्होंने मैदानों में कभी नहीं देखा था, जैसे कि रोडोडैनड्रॉन यानी

चम्बा–वो स्कूल जो गर्मियों में डलहौजी में चलता था।

बुरांस, लिलि ऑफ़ द वैली, व्हाइट वॉयलेट्स, हाइड्रेनज़िया, लार्क्सपर और बालसम।

उनकी साईंस की टीचर मिस कॉहेन ने उन्हें दो फ़्रैन्च गाने सिखायेः 'से ले रा, से ले रा, 'और 'फ़्रेग़ जाक' मिस कॉहेन ने एक बार माईक्रोस्कॉप के तले बिच्छू बूटी के बाल रखे और लड़कियों को दिखाया। माँ को अपनी आँखों पर यकीन ही नहीं हुआ कि एक बाल में भी इतना कुछ हो सकता है।

मिस टूगुड को पैदल चलने और पहाड़ों पर चढ़ने का काफ़ी अभ्यास था। उन्होंने 20 मील दूर खज्जियार का एक ट्रिप प्लान किया जहाँ एक झील और एक चलता हुआ द्वीप भी था। और जब जून महीने के बीच में मॉनसून शुरू होता तो माँ पूरे परिसर में बिजली चमकने और बारिश के दौरान दौड़ना और डांस करना शुरू कर देतीं। वो अपने टीचर के अन्दर बुलाने के नाराज़गी भरे आदेश को भी अनदेखा कर देतीं और ज़ोर–ज़ोर से बरसात के गीत गातीं: ''बरसो राम धड़ाके से, बुढ़िया मर गई फ़ाके से...''

सन्डीग्राम कॉटेज, डलहौजी, जहाँ क्लासेज़ एप्रीकोट यानी खुबानी के पेड़ों तले खुले में होती थीं।

इस बोर्डिंग स्कूल की वजह से मेरी माँ की परवरिश काफ़ी कुछ ब्रिटिश अंदाज़ में हुई। हम दोनों जब आपस में हंसी–मजाक करते थे, तो मैं अक्सर उनसे कहती थी, '*तुम तो ग़लती से हिन्दुस्तान में पैदा हो गईं। तुम्हें तो इंग्लैंड में जन्म लेना था।*' हालाँकि यहाँ पढ़ाने वाला स्टाफ़ अंग्रेज़ था और यहाँ अंग्रेज़ों का इतिहास और गीत वगैरह ही पढ़ाए–सिखाए जाते थे, फिर भी उन्होंने पियानो और तबला सीखा। साथ ही विद्यार्थी सिर्फ़ भारतीय कपड़े ही पहनते थे, और ये कपड़े उनके सूबे के हिसाब से होते थे। लेकिन स्पोर्ट्स डे पर सभी सफ़ेद कुर्ता – पायजामा या सलवार पहनते थे और गुलाबी रंग का दुपट्टा होता था। खेलों और स्पोर्ट्स डे पर टैनिस शू पहनने की इजाज़त थी, वरना उन्हें चप्पल या जूती ही पहननी होती थी। इस सबके बावजूद उनका मानना था कि अंग्रेज़ी तौर–तरीके उनमें कूट–कूट कर भर गए हैं और आज भी वे सिर्फ़ अंग्रेज़ी में ही सपने देखती हैं।

एक प्रतिभाशाली बच्ची

माँ के अंदर 'एक्ट्रैस' बचपन से ही मौजूद थी। साढ़े सात साल की उम्र में *'द रोज़ एंड द रिंग'* नाम के एक नाटक में उन्हें एक शेर का रोल निभाने के लिए चुना गया था। उन्होंने बादामी रंग का चूड़ीदार पायजामा पहना और उनकी पीठ पर बादामी रंग का ही एक डोरमैट बांधा गया था। इसी समय उन्होंने उर्दू के लिए भी एक ईनाम जीता। जब वे स्कूल के दफ़्तर में एक शेर के रूप में सज – संवर रही थीं, तो असैम्बली में उनका नाम पुकारा गया और किसी ने वहाँ आकर उनसे कहा कि वे जाकर अपना ये ईनाम ले लें। बेहद जोश में आकर 'छोटा सा ये शेर' स्टेज़ की तरफ़ दौड़ा जिस देख सब लोग हंसते–हंसते बेहाल हो गए। ईनाम वाला दिन एक बहुत बड़ा मौका होता था और अम्मी की याददाश्त मुझे हैरान कर देती है। उन्हें तो ये भी याद है कि उन्हें मिला क्या था! 'ये बांस से बनी एक खूबसूरत बास्केट थी जिसमें पीतल से बने छोटे–छोटे खिलौने थे, जैसे कि – बेलन, चकला, कड़ाही, कड़छी और थाली।'

14 साल की उम्र में जब वे मिडिल स्कूल में थीं तो एक मूर्ख की पेंटिंग बनाने पर उन्हें 15 रुपये बतौर ईनाम मिले थे जिसे लाहौर की एक आर्ट एग्ज़ीबिशन में लगाया गया था। उन्होंने मुस्कुराते हुए ये बात मानी कि 'मैंने ईनाम पाने के लिए ये पेंटिंग बनाई थी और शायद मेरी आर्ट टीचर ने उसे थोड़ा सा और निखार दिया था।' उन पैसों से अम्मी ने एक ''कोडेक बेबी ब्राउनी बॉक्स कैमरा ख़रीदा और उससे कई फ़ोटो खींचे, जिनमें से कुछ आज भी उनकी एलबम में मौजूद हैं।

सामने का पृष्ठः कोडेक बेबी ब्राउनी, बॉक्स कैमरे से भोपाल में ज़ोहरा का लिया हुआ एक फ़ोटो।

कोडेक बेबी ब्राउनी बॉक्स कैमरे से भोपाल में ज़ोहरा का लिया हुआ एक फ़ोटो।

अम्मी इसराज बजाना और गाना सीखना चाहती थीं। वो कहती थीं कि उनकी आवाज़ शायद बहुत अच्छी थी, और फिर हँसते हुए ये भी कहती थीं, 'पता नहीं फिर हुआ क्या?' स्कूल में उन्हें गाने का बहुत शौक था और उन्हें दूसरों के साथ गीत गाने के लिए हमेशा चुन लिया जाता था। उन्होंने गाना सीखने के लिए अपने पिता से इजाज़त पाने के लिए चिट्ठी लिखी। ये चूंकि 'एक परदा स्कूल' था, इसलिए किसी भी मर्द को उसके अंदर दाखिल होने की इजाज़त नहीं थी, वहाँ की तो सभी नौकरानियाँ भी औरतें थीं। पर हैरत की बात ये थी कि म्यूज़िक टीचर एक पुरुष थे जिनका नाम था प्रोफ़ेसर गार्गी। अम्मी ने उनसे काफ़ी गीत सीखे और अब जब वे उन्हें गाती हैं तो हम सबको काफ़ी हंसी आती है। उन्होंने प्रोफ़ेसर से तबला बजाना भी सीखा। डलहौज़ी की अपनी एक यात्रा के दौरान उन्होंने ब्राउनी कैमरे के शटर में एक रस्सी बांधी और इसराज और तबले के साथ उसके सामने बैठ गईं। उन्होंने किसी तरह ये रस्सी खींच कर खुद अपनी तस्वीर ले ली। जब लाहौर के गवर्नमेंट कॉलेज (ये लड़कों का कॉलेज था – इत्तेफ़ाक की बात है कि पृथ्वीराज कपूर इसी कॉलेज के विद्यार्थी थे) में पहली 'टॉकी' फ़िल्म, *'बैन–हर'* दिखाई गई, तो उन्होंने अपने पिता को चिट्ठी लिख कर स्कूल की लड़कियों के एक ग्रूप के साथ ये फ़िल्म देखने की इजाज़त मांगी। इन लड़कियों ने ये फ़िल्म एक सोला चिक के पीछे से देखी थी। उन्हें *'बैन–हर'* के बारे में कुछ बातें अब भी याद हैं, जैसे ढोल का बजना, जब गुलामों से जहाज़ों को खेने के लिए ज़बर्दस्ती की जाती थी, उनका कहना है कि इस बात ने उन पर काफ़ी असर डाला।

सात में से तीसरा नम्बर

नानी और नाना के सात बच्चे थे और मेरी माँ उनकी तीसरी संतान थीं। उनके एक बड़े भाई, एक बड़ी बहन, एक छोटा भाई और तीन छोटी बहनें थीं। इन सातों में से उन्हें सबसे प्रिय थे उनके छोटे भाई इकरामुल्लाह। जब वे पाँच साल की थीं तो उनके 'मामू' ने उन्हें गोद ले लिया और अपने घर लखनऊ ले गए। इकराम को अम्मी की बहुत याद आया करती थी, और वे रोज़ाना उनके लिए मिठाइयाँ बचाकर रखते थे। बाद में जब बर्तन भर जाता था तो वो खुद सारी मिठाइयाँ खा जाते थे। अम्मी को ये बात बहुत मज़ेदार लगती थी। वे मुम्बई में भारतीय नौसेना में एक कॉमोडोर थे और विभाजन के बाद कराची चले गए थे। उनके बड़े भाई ज़काउल्ला एक इंजीनियर थे जिन्होंने कोलकाता के ज़कारिया ब्रिज को बनाने में एक महत्वपूर्ण भूमिका निभाई थी, जहाँ भारत सरकार ने उन्हें तैनात किया था। बाद में वे भी कराची चले गए थे और वहाँ उन्हें कराची पोर्ट ट्रस्ट का चीफ़ इंजीनियर बना दिया गया। उनकी बड़ी बहन हाज़राह बेगम एक कट्टर कम्यूनिस्ट, स्वतंत्रता सेनानी और नैशनल फ़ैडरेशन ऑफ़ इंडियन विमेन की संस्थापक थीं।

अम्मी और उनकी छोटी बहन उज़रा पाकिस्तान नहीं जाना चाहती थीं। माँ को तब बड़ी हैरानी हुई जब उनके दोनों भाइयों और दो छोटी बहनों आमिना (शांति निकेतन में पढ़ चुकी थी और उन्होंने लीड्स, ब्रिटेन से एजुकेशन में डबल एम.ए. किया था) और साबरा (उन्होंने लंदन से

पाँच बहनें, बाएँ से दाएँ उज़रा, ज़ोहरा, साबरा, हाजराह, और आमिना नीचे बैठे हुए बायीं तरफ किरन और दायीं तरफ हाजराह की बेटी सलीमा।

सामने का पृष्ठः
'वर्षा मंगल' की कुछ मुद्राएं।

फ़िज़िकल एजुकेशन का एक कोर्स किया था), और उनके कुछ दूसरे रिश्तेदारों ने भी पाकिस्तान जाने का फैसला किया, जिनका जन्म और परवरिश भारत में हुआ था, जिनके कई प्रिय मित्र हिन्दू थे और इसी देश में थे। उन्हें लगता था कि जब पाकिस्तान बना था, तो वहाँ सारे मुल्ला और मौलवी ही बसने वाले थे। उन्हें लगा कि शायद ऐसा एक नए देश में नए अवसरों की संभावना के कारण हो रहा था। नाना ने भी पाकिस्तान को नहीं चुना और 20 साल के बाद ही वहाँ गए, क्योंकि उनकी प्यारी बेटी उज़रा को अपने पति के पास वहाँ जाना था।

दरअसल उज़रा के पाकिस्तान जाने से अम्मी को काफ़ी तकलीफ़ हुई, हालाँकि वे दोनों उदय शंकर की मण्डली में बतौर डांसर साथ–साथ थीं, लेकिन वे बेहद करीब तब आईं जब मेरी माँ ने अक्टूबर, 1945 में पृथ्वी थिएटर्स को जॉइन किया था। 1936 से 1938 तक उदय शंकर के टूर के दौरान जब ख़ाला ने मण्डली को जॉइन किया, तो वे साथ–साथ तो थीं, लेकिन बहुत करीब नहीं रहीं। अम्मी चूंकि बड़ी थी, इसलिए छोटी बहन पर खूब रौब झाड़ती थीं। टूर के दौरान वक्त की पाबंदी की बहुत ज्यादा अहमियत थी, क्योंकि रेलगाड़ियों, बसों और पानी के जहाजों को पकड़ने के लिए एकदम सही समय पर पहुँचना होता था। मेरी माँ अपनी अलार्म

अपनी छोटी बहन उज़रा (बाएँ) के साथ

सामने के पृष्ठ पर क्लॉक्वाईज़, ऊपर से दाएँ: फरवरी 1937 क्लॉकवाईज़ में अमेरिका जाने के दौरान ज़ोहरा और उज़रा, साथ में हैं रवि शंकर, उदय शंकर, सिम्की और अन्य लोग; गन्धार की एक मुद्रा में उदय शंकर; उड़ीसा के भुवनेश्वर में राजा – रानी मंदिर में उदय शंकर के साथ ज़ोहरा; 1936 में बुडापेस्ट, हंगरी में उदय शंकर ट्रूप।

घड़ी को 5 मिनट आगे रखती थीं (और आज भी रखती हैं)। ये दोनों बहनें एक ही कमरे में रहती थीं, तो अम्मी पहले तैयार हो जाती थीं और उजरा ख़ाला (मौसी) को वक्त पर तैयार न होने के लिए डाँटती थीं।

उजरा ख़ाला को इस बात पर बड़ा गुस्सा आता था, लेकिन अमरीका के एक से दूसरे किनारे तक के अपने टूर के दौरान उन्हें ये पता चला कि घड़ी पांच मिनट तेज है, और बस उसके बाद से वे तैयार होने के दौरान इस बात का ध्यान रखती थीं।

सिम्की के बाद उदय शंकर के पार्टनर के तौर पर मण्डली में अम्मी का रुतबा काफ़ी अहम था, उनकी छोटी बहन, माधवन नायर और 'रोबू' (रवि शंकर) सहित ग्रुप का हिस्सा थीं। अम्मी हंसते–हंसते याद करती हैं कि जब भी कोई बात अख़बारों में छपती थी, वे हमेशा उज़रा से पूछती थीं: 'देखो, देखो, मेरे बारे में कुछ निकला है? वे ये बात मानती हैं कि उन्हें खुद को लेकर काफी गुरूर था। इस पर मैंने जवाब दिया, 'आप आज भी वैसी ही हैं। पृथ्वी थिएटर्स के अपने दौर में वे ऑपेरा हाउस के मेकअप रूम में एक कोना ले लेती थीं और फिर उनके सामान को छूने की जुर्रत उज़रा ख़ाला समेत कोई नहीं कर सकता था, जो पृथ्वीराज

कपूर (पापाजी) के ज़्यादातर नाटकों में प्रमुख महिला किरदार निभाती थीं। थिएटर में लोग उन्हें 'ज़ोहरा दी' कह कर पुकारते थे और वे अपने मेकअप बॉक्स, कॉस्ट्यूम और ज्यूलरी को लेकर बहुत जज़्बाती रहती थीं, क्योंकि उन्होंने उदय शंकर के साथ ट्रेनिंग ली थी। माँ के रुतबे और दबंग फ़ितरत के बावजूद वे महसूस करती थीं कि लोग उनके मुकाबले उज़रा को ज्यादा याद करते हैं, क्योंकि वे बहुत ख़ूबसूरत थीं। इससे अम्मी में हीनता की भावना पैदा हो गयी और उन्होंने खुद को ज्यादा दिलकश दिखा कर लोगों का ध्यान अपनी तरफ़ खींचने की पुरज़ोर कोशिश की। निजी तौर पर मुझे लगता है कि मौसी का स्वभाव ज्यादा मधुर और मिलनसार था। माँ आज भी एक वाक़्या को याद करती हैं जब

ऊपर से बाएँ क्लॉकवाईज़:
सिम्की, रवि शंकर के साथ ज़ोहरा; डारटिंग्टन हॉल में माईकल चेखव के साथ (उदय शंकर का लिया हुआ फोटो); राशिक में सिम्की के साथ।

सामने के पृष्ठ पर क्लॉकवाईज़, ऊपर से बाएँ:
प्राग, 1936; 1938 में उदय शंकर और कमला चौधरी के साथ बाली से लौटते हुए; डारटिंग्टन हॉल ग्रूप; कथकली डांसर माधवन नायर के साथ ज़ोहरा।

1930 की ज़ोहरा।

सामने के पृष्ठ पर क्लॉकवाईज़, ऊपर से बाएँ: प्राग, 1936 में स्पाचेक के साथ; एक अन्य मंत्रमुग्ध कर देने वाला प्रदर्शन; उज़रा और इकराम के साथ; 1930 की ज़ोहरा।

अमेरिका में एक परफ़ॉरमैंस के बाद कोई शख़्स उनसे बैकस्टेज मिलने आया था, और उसने 'मिस मुमताज़' के बारे में पूछा। उनके ड्रैसिंग रूम के पास मौजूद दरबान ने सवाल किया, ''कौन सी मुमताज़, बड़ी आँखों वाली या बड़े कूल्हों वाली?''

1936 में उदय शंकर ट्रूप ने दो अन्य प्रसिद्ध ग्रुप्स – द कर्ट होज़े बैले और माइकल चेकोव का ट्रेनिंग सैंटर – बार्न थिएटर के साथ ब्रिटेन के डार्टिंगटन हॉल को अपना बेस बना लिया था।

माइकल चेकोव को 'मीशा' भी कहा जाता था, उनकी पत्नी बहुत सुंदर थी, उसके बावजूद वे उज़रा ख़ाला को अपने नज़दीक बिठा कर टूटी–फूटी अंग्रेज़ी में कहते थे, 'मैं क्या कर सकता हूँ, ये मुझ पर कुछ जादू कर देती है।' उदय शंकर के साथ इंग्लैंड का टूर करते हुए बी.बी.सी. ने उदय शंकर डांस मण्डली से अनुरोध किया कि वे उसके नए टेलीविजन प्रोग्राम के लिए एक सार्वजनिक कार्यक्रम पेश करें। ये कार्यक्रम लंदन के एलैग्जैंड्रिया पैलेस में हुआ। इस शो के लिए इन्हें बड़ा अजीब सा मेकअप कराना पड़ा था। चेहरे पर हल्का हरा रंग लगाया गया और होठों पर बैंगनी! जहाँ परफ़ॉरमैंस होनी थी, वह जगह सिर्फ़ तीन फुट गुणा चार फुट की ही रही होगी, और यहाँ दो नृत्य किए गए – उदय शंकर ने एक सोलो किया, और सिम्की, ज़ोहरा और उज़रा ने *स्नानम्*। यही वह साल था जब ग्रेट ब्रिटेन के प्रिंस एडवर्ड ने सिंहासन त्यागा था।

हालाँकि अम्मी ने उदय शंकर को पहले जॉइन किया था और ख़ाला ने बाद में, लेकिन पृथ्वी थिएटर्स के मामले में बात कुछ उल्टी थी।

दो बहनें

मेरे माता–पिता लाहौर में एम्प्रैस रोड पर ज़ोरेश डांस इंस्टीट्यूट नामक एक स्कूल चला रहे थे। भारत के विभाजन की वज़ह से उनके लिए इसे जारी रखना मुश्किल हो गया, क्योंकि वे एक हिन्दू–मुस्लिम कपल थे। मौसी उदय शंकर अल्मोड़ा सैंटर छोड़ चुकी थीं, और उन्होंने एक्टर–राइटर हमिद बट्ट से शादी कर ली थी और अब वे मुम्बई में बस चुकी थीं। वे पृथ्वीराज कपूर के थिएटर में एक प्रमुख नायिका थीं जिसे उन्होंने 1944 में जॉइन किया था। उन्होंने लाहौर में मौजूद मेरे माता–पिता को चिट्ठी लिखकर सलाह दी कि वे मुम्बई आएं और फ़िल्मों में अपनी किस्मत आज़माएं। मेरे पिता चूंकि सुरैया की एक फ़िल्म में आर्ट डायरेक्टर थे और ज़ोरेश डांस इंस्टीट्यूट के कामकाज को समेट रहे थे, तो उन्हें लाहौर में रुकना पड़ा और बाद में वे मुम्बई में माँ से आकर मिले। मेरे माता–पिता मौसी और मौसा के 41 पाली हिल वाले छोटे से फ़्लैट में रुक गए जो खुद चेतन आनंद, उनकी पत्नी उमा, देव आनंद और विजय आनंद के साथ वहाँ रह रहे थे। चेतन अंकल और उमा आंटी ने बड़ा दिल दिखाते हुए उन्हें अपने फ़्लैट में रहने की इजाज़त दी। देव अंकल (हम सारे बच्चे उन्हें यही कहते थे) आइने के सामने खड़े होकर उनसे पूछा करते थे, 'दीदी, क्या आपको लगता है कि वे मुझे एक हीरो के तौर पर लेंगे?', ये सब उन्हें अब भी याद है।

सामने के पृष्ठः
कामेश्वर सैगल के साथ ज़ोहरा, कामेश्वर के साथ अगस्त 1942 में ज़ोहरा की शादी हुई थी।

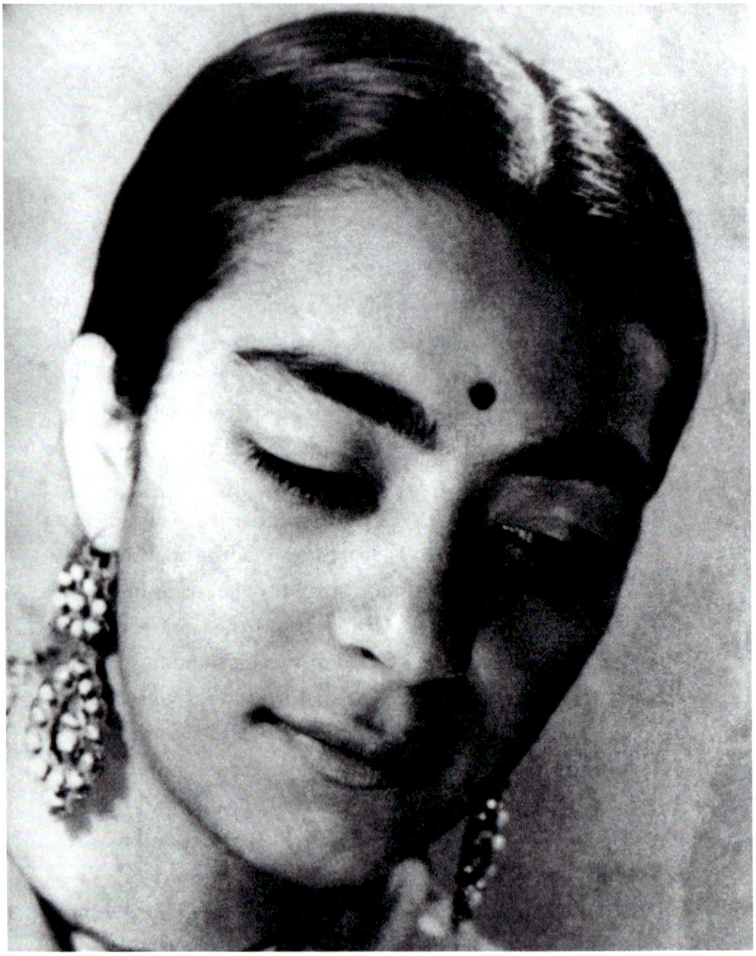

ऊपर:
एम्प्रैस रोड, लाहौर में नृत्य की मुद्राएं सिखाते हुए।

दाएँ:
1937, बुडापेस्ट में ज़ोहरा।

ऊपरः
1935, मुम्बई के जुहू बीच पर उजरा के साथ।

ऊपर बायें:
'पठान' ग्रूप में बहनें फ्रंट लाइन– उज़्रा (बाएं से दूसरी) ज़ोहरा (दाएं से दूसरी) फ्रंट लाइन।

कुछ समय बाद मौसी और मौसा मरीन ड्राइव, चर्च गेट पर मौजूद सूना महल में चले गए, और जैसे ही वहाँ नीचे की दो मंज़िलें खाली हुईं, मेरे माता–पिता और मैं वहाँ रहने लगे। शुरू में अम्मी को फ़िल्मों में रोल मिले जिनमें डायरेक्टर उनसे एक स्विमिंग कॉस्ट्यूम पहन कर एक रोज़ बॉल में से निकलने की बात कह रहा था। उनकी जो पृष्ठभूमि और जिस तरह की ट्रेनिंग उन्हें मिली थी, उसके कारण इस प्रस्ताव ने उन्हें बेहद डरा दिया। उन्होंने ये रोल करने से मना कर दिया, लेकिन पिताजी फ़िल्मों में अपनी आर्ट डायरेक्शन करते रहे। मौसी पृथ्वी थिएटर्स में थीं, और वे माँ को अपने साथ रिहर्सल्स और शो में ले जाया करती थीं। उन्होंने जो पहला नाटक देखा, उसका नाम था *शकुंतला* (उसे देखकर वे ज्यादा प्रभावित नहीं हुईं)। लेकिन जब उन्होंने *दीवार* नाटक देखा, तो ये उन्हें बहुत अच्छा लगा और बाद में उन्होंने एक डांस डायरेक्टर के तौर पर थिएटर को जॉइन किया और उसके बाद एक एक्ट्रैस के रूप में। उसके बाद 14 साल तक दोनों बहनें साथ–साथ रहीं।

भावनात्मक और आर्थिक रूप से मौसी ने अम्मी की बहुत मदद की थी। वे आर्थिक तौर पर मेरे माता–पिता से बेहतर हालत में थीं और मौसाजी ने बेशक कभी नियमित नौकरी नहीं की, लेकिन अपने लेखन, फ़िल्म स्क्रिप्टिंग और जुआ खेलकर वे काफ़ी कमा लेते थे।

मौसा–मौसी के बच्चे नहीं थे, इसलिए मौसी हमारे नख़रे खूब उठाती थीं और हम जो मांगते थे, उसके लिए कभी इंकार नहीं करती थीं। एक बार उन्होंने अम्मी से कहा कि वे मेरे छोटे भाई पवन को इतना पसंद

करती थीं कि उसे गोद लेने के बारे में सोचने लगी थीं। वे हमारे प्रति इतनी सहृदय और शालीन थीं कि हमें कभी उनका अहसान महसूस नहीं होता था। मेरे पिता को वे बहुत अच्छी लगती थीं। पिताजी की मृत्यु के बाद मौसी ने ही हम तीनों को मरीन ड्राईव के अपने घर में रखा।

जब भी वे पापाजी के साथ किसी रिसैप्शन पर जातीं थीं, महिलाएं हमेशा माँ से पापाजी की प्रमुख नायिका (यानी मौसी) के बारे में पूछती थीं और माँ उन्हें मौसी के बारे में तमाम सूचनाएं देती थीं। वे अम्मी से पूछती थीं कि मौसी कौन है, इस पर अम्मी का जवाब होता था कि वे उनकी बहन हैं, इस पर वे महिलाएं पूछती थीं, 'सगी'! अब अम्मी ये कहती हैं कि उनका मन इस बात पर इन महिलाओं को थप्पड़ रसीद करने का मन होता था। अजीब बात ये है कि अपनी जवानी के दिनों में मेरी माँ और मौसी एकदम अलग तरह की दिखती थीं, लेकिन अब कई मौकों पर मेरी मौसी को लोग गलती से मेरी माँ समझ लेते थे।

एक दशक के बाद एक नाटक ''एक थी नानी'' की वजह से ये दोनों बहनें फिर से मिल पाईं जिसमें दोनों ने 33 साल के बाद एक साथ काम किया। इस नाटक को एक पाकिस्तानी लेखक, शाहिद नदीम ने लिखा था। उन्होंने ये नाटक अजोका थिएटर के साथ किया और इसके आर्टिस्ट भारत, पाकिस्तान और लंदन से थे। इसकी कहानी इन दो बहनों की ज़िन्दगी से प्रेरित है और ये भारत और पाकिस्तान के अलावा बाकी जगहों पर भी दर्शकों को बहुत भाती है। इन दोनों के लिए ये ऐसा ही था मानो ये अपने थिएटर टूरिंग/डांसिंग और परफ़ॉरमैंस वाले दौर को फिर से जी रही हों।

ऊपरः
कामेश्वर सैगल एक जाने–माने डांसर और नृत्य–निर्देशक थे।

सामने का पृष्ठ ऊपरः
पृथ्वी थियेटर के नाटक 'गद्दार' में उज़रा।

सामने का पृष्ठ नीचेः
ज़ोहरा, एक नृत्य–निर्देशक के रूप में पृथ्वी थियेटर से जुड़ी और आगे चलकर अपने ग्रूप के साथ वो एक अदाकारा बनी।

मैमफ़िस मामू

माँ के मामू साहिबज़ादा सैदुज्ज़ाफ़र खान, जिन्हें मैं 'मैमफ़िस' कहा करती थी, से जुड़ी कई बातें हैं। माँ एक किस्सा सुनाती हैं कि मैमफ़िस अपने चाचा, जनरल के साथ अपने घर की छत पर बैठे हुए थे कि तभी चाचा ने कहा, 'अगर तुम एक असली पठान हो, तो जिस कुर्सी पर बैठे हो, उसके साथ ही नीचे कूद जाओ।' भतीजे ने अपनी हिम्मत दिखाई और सच में कूद गये, जिससे उनके शरीर की करीब–करीब सारी हड्डियाँ टूट गईं। शायद इसी हादसे ने मेमफ़िस को भारत का एक जाना–माना सर्जन बनने की प्रेरणा दी और वे लखनऊ मैडिकल कॉलेज के पहले भारतीय प्रिंसिपल बने। बाद में अपनी ज़िन्दगी में मुझे जितने भी सर्जन मिले, वे सब उन्हीं के विद्यार्थी थे।

वे जब अपनी बहन के घर आते थे, तो बहुत अच्छा लगता था, क्योंकि वे माँ, उनके भाई और बहन के लिए बहुत अच्छे खिलौने लाते थे। उन दिनों माँ के खिलौने कपड़े से बनी गुड़ियाएं होती थीं, मिट्टी से बनी एक गाड़ी होती थी जिसे खींचने पर आवाज़ निकलती थी, एक फिरकी (काग़ज़ का पंखा) या फिर लकड़ी के खिलौने हुआ करते थे। मैमफ़िस उनके लिए नीली आँखों और सुनहरे बालों वाली गुड़िया लाते थे और प्लास्टिसीन भी लाते थे ताकि उससे चीजें बनाई जा सकें। माँ बताती थीं कि वे 'लम्बे कद के और गोरे इसांन थे, बिल्कुल किसी पठान की तरह।'

सामने का पृष्ठः
ज़ोहरा के मामा, साहिबज़ादा सैदुज्ज़ाफ़र खान, जिन्हें मैमफ़िस के नाम से भी जाना जाता था।

1930 की ज़ोहरा।

वे एक बच्चे को अपने कंधे पर और दूसरे को अपने सिर पर बिठा कर चलते थे, वे बहुत ख़ुशदिल थे। उनकी पहली संतान एक लड़का था, जिसका नाम था महमूद। बाद में एक लड़की हुई जो बहुत छोटी उम्र में मर गई। अम्मी बताती हैं कि ''इस हादसे के बाद मेरी मामी का दिल टूट गया था। मैं बहुत शरारती थी, पर मामा–मामी मुझे बहुत प्यार करते थे''।

फिर एक दिन उन्होंने मुझे गोद लेने का फ़ैसला किया। मैं जब सिर्फ़ 5 साल की थी, तो वे मुझे रेलगाड़ी से लखनऊ ले गए, वे हमेशा फ़र्स्ट क्लास में सफ़र करते थे। मैं कुछ महीने लखनऊ में रही। महमूद, जो मुझसे कुछ साल बड़ा था, वह भी वहीं था। वह दिखने

में काफ़ी गोरा था और ख़ूबसूरत भी था।'' अम्मी रंग को लेकर बहुत जज़्बाती थीं, वे कहती थीं कि बचपन में वे काफी आकर्षक थीं, लेकिन ख़ूबसूरत नहीं थीं। महमूद अक्सर उन्हें उनके नैन–नक्श को लेकर चिढ़ाया करता था। उनके मामा और मामी गर्मियों में नैनीताल के ऑक कॉटेज जाते थे। माँ बताती हैं कि ये कॉटेज अब भी मौजूद है। वे कहा करती थीं कि उनके मामा उनके हीरो थे और उनसे ज्यादा खुशदिल, अक्लमंद और खुशमिज़ाज़ कोई नहीं हो सकता। उनकी पत्नी एक सीधी–सादी महिला थीं और उन्हें पिता–पुत्र लगातार सताते रहते थे, और कभी–कभी ये सब हद से ज्यादा हो जाता था। उनके मामा ने लखनऊ मेडिकल कॉलेज के प्रिंसिपल के पद से इस्तीफ़ा दे दिया था, क्योंकि उन्हें पहले वाले प्रिंसिपल से कम तनख्वाह दी जा रही थी जो कि एक अंग्रेज़ था। उनके पास इतना पैसा और आत्मसम्मान था कि वे ऐसा कर सकते थे। बाद में वे भोपाल राज्य के मंत्री बने।

अम्मी और एक नौकर महमूद स्कूल से लेने जाया करते थे। यहाँ एक ऐसी जगह थी जहाँ पोर्सिलेन से बनी, टूटी हुई दवातें फेंकी जाती थीं। अम्मी को आज तक भी ये अफ़सोस होता है कि उन्हें कभी कोई बिना टूटी दवात वहाँ नहीं मिली, जिसे वे अपनी गुड़िया के लिए एक टॉयलेट सीट की तरह इस्तेमाल कर पातीं। कभी–कभी महमूद उन्हें तंग किया करता था।

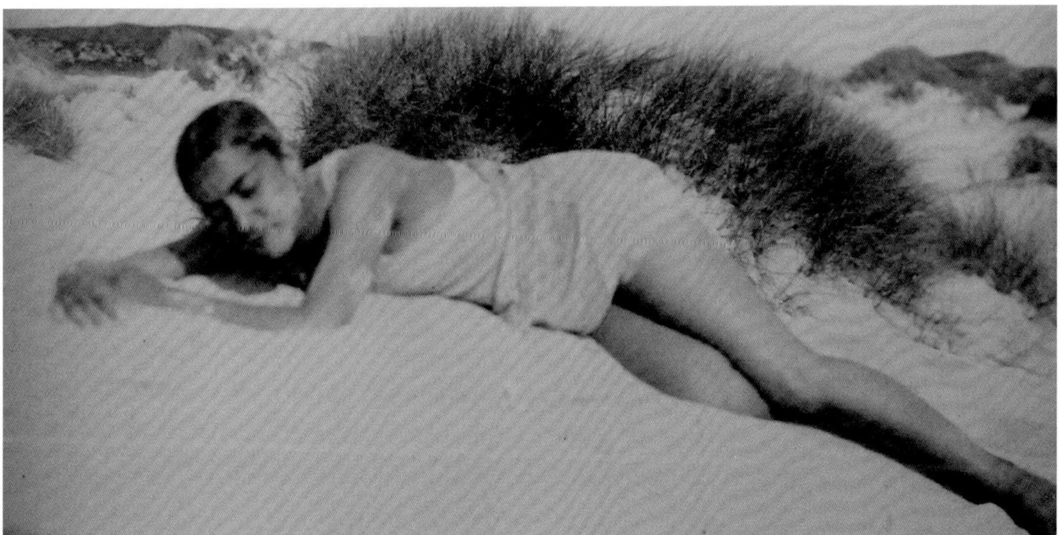

1930 में बीच पर लुत्फ़ उठाते हुए।

कुछ महीनों के बाद नानी को अपनी बेटी की याद सताने लगी और जब वहाँ से कोई उन्हें लेने आया तो अम्मी को फिर से मैदानों की तरफ़ लौटना पड़ा। इसके अलावा महमूद को भी इंग्लैंड के एक पब्लिक स्कूल शैरबॉर्न भेज दिया गया। 2 साल के बाद अम्मी को लाहौर के एक बोर्डिंग स्कूल भेज दिया गया, लेकिन उन्होंने अपने मामा से सम्पर्क बराबर बनाए रखा। वे उन्हें चिट्ठियाँ भी लिखती थीं, पर उतनी नहीं जितनी वे अपने पिता को लिखती थीं। वे अंग्रेज़ी में लिखती थीं, क्योंकि उनकी उर्दू काफ़ी कमज़ोर थी। वे एक ब्रिटिश स्कूल में पढ़ रही थीं और उन पर उत्तर प्रदेश के बजाय पंजाबी विरासत का ज्यादा असर था। वे ये कहते हुए काफ़ी शर्मिन्दगी महसूस करती हैं कि 'मेरे ससुर हालाँकि एक हिन्दू थे, लेकिन वे मुझसे बेहतर उर्दू लिखते और बोलते थे।' वे यह भी बताती हैं कि पृथ्वी थिएटर्स में रिहर्सलों के दौरान पापाजी हम दो बहनों के ख़राब उर्दू उच्चारण से काफी हैरान होते थे, क्योंकि वे तो यही सोचते थे कि हम रामपुर से हैं।

ज़ोहरा का बनाया एक स्केच; देहरादून में सैदुज्जाफर खान का घर 'नासरीन' जो अब वैलहम गर्ल्स स्कूल है।

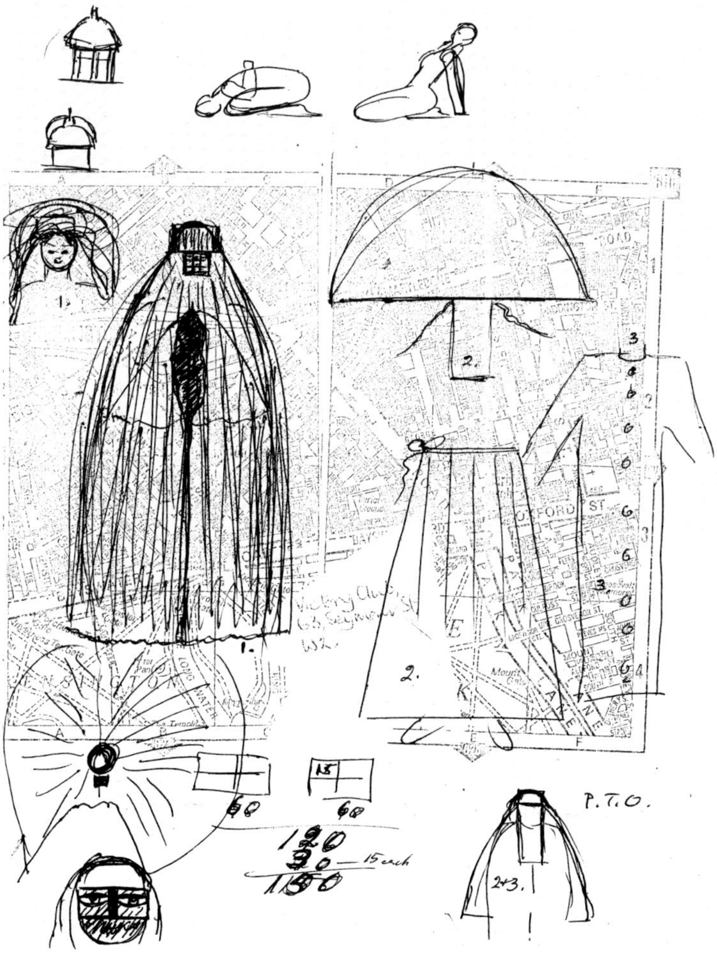

ज़ोहरा का बनाया गया एक स्केच–यूरोप की यात्रा के समय/दौरान

अम्मी शादी से बचने के लिए एक अच्छा कैरियर चाहती थीं। वे भारत की पहली महिला पायलट बनने की इच्छा रखती थीं, जिसके लिए उन्होंने अपने पिता से इजाज़त मांगी। (पायलट बनने का आइडिया उन्हें उनके भाई ने दिया था।) हालाँकि वे उन दिनों स्कूल की छात्रा थीं तो उनके पिता ने उन्हें अनुमति दे दी, लेकिन साथ ही ये भी लिखा कि अगर उनके साथ कोई हादसा हुआ तो वे खुद को कभी माफ़ नहीं कर पाएंगे। इस बात से भावुक होकर अम्मी ने ये आइडिया छोड़ ही दिया। इसके अलावा उनका दूसरा जुनून था एक्टिंग।

कार से यूरोप जाने के ऐन पहले, कन्वरटिबल डॉज़ कार में।

अम्मी को विदेश जाने की बड़ी इच्छा थी। उन दिनों देश से बाहर पढ़ना और विदेश से डिग्री हासिल करना आसान काम नहीं था। क्वीन मैरीज़ में, उनकी टीचर मिस हार्वी ने उनकी एक्टिंग को देखकर कहा था, 'अगर ये बच्ची इंग्लैंड में होती तो स्टेज पर एक हफ़्ते में 10 पाउंड कमा रही होती।' इस बात से उन्हें विदेश जाने का निर्णय लेने में मदद मिली।

शुरू में उनके पिता सिर्फ़ 18 साल की उम्र में उन्हें पढ़ने के लिए अकेले इंग्लैंड भेजने में संकोच कर रहे थे। फिर परिवार में आपसी रज़ामंदी के बाद वे इस बात पर सहमत हो गए कि अगर उनकी सगाई ऑक्सफ़ोर्ड में पढ़ रहे महमूद के साथ हो जाए तो वे उन्हें वहाँ भेज सकते हैं। लेकिन उनके मामू इन दोनों किशोरों की शादी के पूरी तरह खिलाफ़ थे। उन्होंने मेरी अम्मी को चिट्ठी लिखी और ये कहा कि उनके इंग्लैंड जाने के लिए दो रास्ते हैं। या तो वे अपने मामू, सर अब्दु सस्मद खान के साथ उनकी सैक्रेटरी के तौर पर लग्ज़री लाइनर में जा सकती थीं, जो रामपुर स्टेट के चीफ़ मिनिस्टर थे (वे एक प्रिंसेज कांफ्रैंस में हिस्सा लेने के लिए इंग्लैंड जा रहे थे।) या फिर कार से, (एक कन्वर्टेबल डोज़ कार में) उन्होंने अम्मी को चेतावनी दी कि ये यात्रा लम्बी, थकाने वाली और मुश्किल वाली हो सकती है।

अम्मी दूसरे विकल्प के लिए सहमत हो गईं, क्योंकि उनके मामू उनके हीरो थे और आगे एक एडवेंचर मौजूद था। लेकिन उन्हें ये नहीं मालूम था कि सफ़र के दौरान उनके शरीर की एक–एक हड्डी हिल जाने वाली है, क्योंकि उन्हें सुबह 8 बजे से शाम 8 बजे तक लगातार सड़क से सफ़र करना था और बीच में सिर्फ़ खाना खाने के लिए ही रुकना था।

इस सफ़र पर उनके साथ जाने वाले दूसरे लोगों में एक मैकेनिक था जिसका नाम मुक़ीम था और उनके मामू के दोस्त का एक भतीजा वाहिद था जो इराक के शहर बसरा तक कार से ही जाने का इरादा रखता था। इन्होंने सितम्बर, 1930 में देहरादून से चार सीट वाली डोज कार में अपने सफ़र की शुरुआत की जहाँ पूरा कुन्बा उन्हें विदा देने के लिए इकट्ठा हुआ था। अम्मी ने एक जोधपुरी कॉटन टॉप पहना था, जिसे ख़ासतौर से उनके लिए बनवाया गया था, साथ ही उन्होंने एक कश्मीरी जैकेट भी पहन रखी थी। उनके पास एक 'सोला' हैट थी जो उन्होंने कभी नहीं पहनी और बाल छोटे कटे हुए थे। अम्मी को हाल ही में टायफॉइड हो गया था।

बचपन की यादें– ज़ोहरा के बनाये अन्य स्केच।

1936, मृत सागर, पैलेसटाईन में सिम्की, ड्राईवर और निकोवा के साथ ज़ोहरा।

कार के साथ एक ट्रेलर जुड़ा था। ये लोग देहरादून से लाहौर गए, और फिर वहाँ से मुल्तान और 9 हजार फुट की ऊँचाई पर स्थित ज़ियारत पहुँचे जहाँ अंग्रेज़ सरकार के सियासी एजेंट शरबत ख़ान रहा करते थे। जब वे दोपहर के खाने के लिए उनके कैम्प में पहुँचे तो जिस चीज़ पर उनकी सबसे पहले नजर पड़ी, वह थी एक मेज, जिस पर हर तरह के शरबत रखे हुए थे। अम्मी खुद को हँसने से नहीं रोक पा रही थीं और यही हाल उनके मामू का था। वहाँ अम्मी को शरबत ख़ान का हसीन बेटा बहुत पसंद आया।

वहाँ से आगे क्वेटा जाते वक्त काफ़ी तीखी चढ़ाई और मोड़ आए। फ़ोर्ट मुनरो के नज़दीक ट्रेलर खराब हो गया और उसे छोड़ना पड़ा। एक दिन जब कार को सर्विस स्टेशन ले जाया गया था, तो टूटी–फूटी उर्दू बोलने वाली एक महिला अम्मी के कमरे में आई और उनसे काफ़ी बातें करने लगी। अम्मी बात करते वक्त काफ़ी खुश थीं और उन्होंने मासूमियत के साथ अपनी ज़िन्दगी के बारे में सब कुछ बता दिया। जब अम्मी ने ये बात अपने मामू को बताई तो उन्होंने अम्मी को चेतावनी दी कि अजनबियों से इस तरह बात करने में काफ़ी ख़तरा हो सकता है। और ऐसा ही हुआ, जब ये लोग क्वेटा से रवाना हुए (ये अंग्रेजों के शासन वाले भारत की

आख़िरी चौकी थी) तो गहरे रंग के चश्मे वाला एक हट्टा–कट्टा आदमी बलूचिस्तान तक उनके पीछे पड़ गया। मामू ने पूछताछ की, तो मालूम हुआ कि वह बदमाश लड़कियों को अगवा करने के लिए बदनाम था।

बलूचिस्तान में इनका सामना जबर्दस्त रेतीले अंधड़ से हुआ, जिसकी वजह से चारों तरफ़ अंधेरा छा गया। हवा की तेजी की वजह से कार हिलने लगी और अम्मी तो बहुत डर गईं। ये रेतीले तूफ़ान सब कुछ उखाड़ देने के लिए जाने जाते थे। तूफ़ान के ज़ोर से हमारी कार घूम गई। विन्डोज़ बंद थीं पर खाने में भी रेत घुस गई। अंधड़ की रफ़्तार कम होने पर ये बलूचिस्तान के एक छोटे से कस्बे नुश्की में गए ताकि थोड़ा आराम कर सकें। उस दिन पूर्णिमा थी और अम्मी ने घास पर लेट कर अपने बाइनाकुलर्स से चाँद को देखा। ये एक ऐसा अनुभव था जिसे याद करके वे आज भी खुश हो जाती हैं।

सिम्की के साथ पैलेसटाईन में मज़े करते हुए।

मृत सागर को देखने की अपनी ख्वाहिश पूरा करते ज़ोहरा, उनके मुताबिक ये कुछ ऐसा था, जैसे गुलाबी ब्लॉटिंग पेपर पर स्याही के धब्बे पड़े हों।

अगले दिन ये पहले से ऑर्डर किए गए पैट्रोल को लेने के लिए डैलबैनडाइन गए, ये पैट्रोल रेल के ज़रिये दुज़दब से आया था, तब ये जगह वजीरिस्तान के नाम से जानी जाती थी। फिर ये ईरान के मैशेद शहर पहुँचे, जहाँ पहली बार इन्होंने ठीक से स्नान किया। इससे पहले तो इन्हें थोड़े से पानी और स्पंज से ही काम चलाना पड़ता था। इनकी रातें सरायों में बीतीं, इन्हें कालीनों पर सोना पड़ा जहाँ खटमलों और पिस्सुओं ने इन्हें खूब तंग किया।

डॉज की एक पिछली सीट के नीचे इनके लिए एक टॉयलेट बनाया गया था, जबकि पुरुष रेगिस्तान का इस्तेमाल करते थे। पानी की कमी की वजह से सफ़र में काफ़ी दिक्कतें हुईं, और ये दिक्कतें मैशेद पहुँचने पर ही ख़त्म हुई। इनके मामू ने एक इक–मिक कुकर पर इन दोनों के लिए खाना पकाया। खाना पकाने का काम एक गैस स्टोव पर किया जाता था, एक बर्तन को दूसरे के ऊपर रख दिया जाता था और खाने की जो चीज बनती थी, वह बड़ी बेस्वाद होती थी, बस उसमें नमक मिलाया जाता था।

उनका पहला स्नान एक *हमाम* में हुआ। अम्मी को एक बहुत मोटी और नग्न महिला के सामने अपने कपड़े उतारने पड़े (वे इस तजुर्बे को कभी भुला नहीं पाईं), वहीं एक महिला सभी महिलाओं को नहला रही थी। अम्मी को पत्थर के गहरे हमामों में से होकर आगे जाना पड़ा, शुरू वाले हमाम ठंडे थे और बाद वाले बहुत गर्म। ये मोटी महिला अम्मी के शरीर को लगातार रगड़ती रही, जब तक कि अम्मी को ये नहीं लगने लगा कि अब उनकी खाल उतर जाएगी। भारत में मेरी माँ कोकोनट ऑयल शैम्पू इस्तेमाल करती थीं, इसलिए सफ़र पर इसे अपने साथ ले गईं थी। जब वे हमाम में अपने बालों को शैम्पू करने के लिए इसकी बोतल ले गईं तो वो महिला उसे देखकर बहुत रोमांचित हो गई, क्योंकि उसने ऐसी कोई चीज पहले देखी ही नहीं थी। उसने बोतल के करीब आधे शैम्पू को बाहर निकाल लिया, कुछ उसने मेरी अम्मी के सिर पर लगाया, और कुछ अपने सिर पर। इस डरावने किस्से के खत्म होने,

और अम्मी द्वारा कपड़े पहन लेने के बाद उन्हें पत्थर के एक स्लैब पर आराम करने के लिए लिटाया गया, वे याद करती हैं कि उन्हें शायद कई घंटों तक बड़ी सुखद और गहरी नींद आई थी।

मैशेद छोड़ने के बाद सब कुछ बदल गया। ईरान स्वादिष्ट फलों, पुलाव और फ़ारसी भोजन के साथ बेहद दिलकश लगा, सुबह–सवेरे फ़ारसी वीणा पर भैरवी संगीत का मज़ा ही कुछ और था, सुहावने मौसम और आरामदायक बिस्तर व तकियों से बेहद सुकून मिला। यहाँ से आगे भी अच्छे होटलों में ठहरे। अम्मी बताती थीं कि सर्दियों के दौरान गरीब बच्चे अपने आप को नान में लपेटे रहते (पर्शिया में नान काफी बड़े होते हैं) और उन्हीं में सो जाते थे। जबकि गलियों में महिलाएं नये फ़ारसी फ़ैशन वाले कपड़े पहने नज़र आती थीं। दूसरी और महिलाएं बुरका पहनती थीं जिसे चार शफ़ भी कहा जाता था। फिर ये लोग तेहरान, इसफ़ाहान और शिराज़ गए जो मशहूर शायर सादी के जन्मस्थान हैं। उन्हें पूरे पर्शिया में एक बात बड़ी मजेदार लगी। उनके मामू फ़ारसी ज़ुबान के अपने ज्ञान की बड़ी शेखी बघारते थे, लेकिन उस देश में उनकी ये ज़ुबान किसी को भी समझ नहीं आई। यहाँ लोग ज्यादातर फ़्रांसीसी या फ़ारसी ज़ुबान बोलते थे, जो उनकी ज़ुबान से बहुत अलग तरह की थी।

बगदाद में एक अरबी महिला के वेश में।

शिराज़ के बाद ये लोग बसरा गए ताकि वाहिद को उसकी पढ़ाई के लिए वहाँ छोड़ सकें, इसके बाद ये लोग अल नजफ़, कर्बला, बैबीलोन और फिर बगदाद गए जो इराक की राजधानी है। यहाँ ये लोग करीब एक हफ़्ते तक, मुस्लिम मज़हब के मुखिया मुफ़्ती की हरम सराय में रहे। मुफ़्ती की तरफ से ठहरने का न्यौता दिया जाना एक बड़ी बात थी, और हालाँकि अम्मी अरबी ज़ुबान नहीं बोल पाती थीं, फिर भी वहाँ की औरतों के साथ उनकी काफ़ी अच्छी निभने लगी। वे याद करती हैं कि नाश्ता बहुत ही भारी–भरकम होता था, जिसे पचाना आसान नहीं था। नाश्ते में पराठे और अंडे होते थे। कॉफ़ी बहुत गाढ़ी, बहुत मीठी और बिना दूध की होती थी। यहाँ के

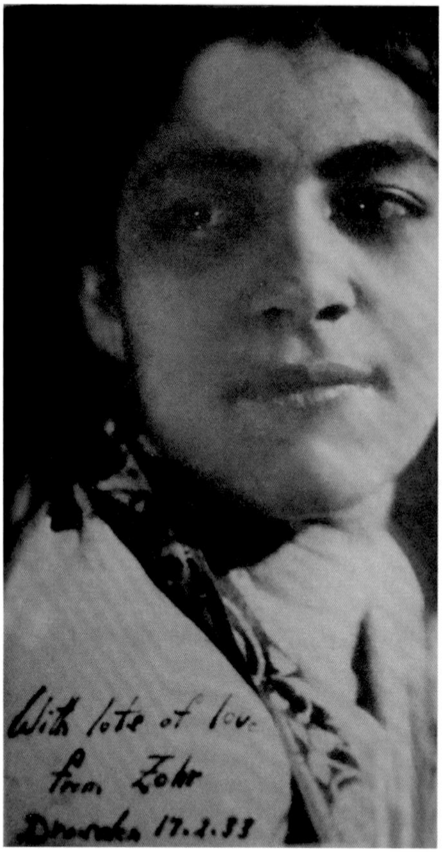

1933 में ईस्ट जर्मनी के ड्रेसडेन मैरी विगमैन डांस स्कूल के दौरान।

बाद सफ़र बेहद मुश्किल और ख़तरनाक हो गया, क्योंकि इन्हें लगातार 48 घंटे तक, बिना रुके ड्राइव करते हुए अरेबियन डेज़र्ट/रेगिस्तान को पार करना था। और भी कई ऐसे सैलानी थे जो उनके साथ इसे पार कर रहे थे, उनके पूरे काफ़िले को सेना की हिफाज़त में रवाना किया गया, क्योंकि उन पर डाकू हमला कर सकते थे। ये लोग अपनी मंज़िल बेरूत पहुँच गए, और यहीं इन्हें समुद्र भी नज़र आया, अम्मी ने समुद्र पहले कभी नहीं देखा था। वे बताती हैं, 'ये जगह ऐसी लगती थी जैसे गुलाबी ब्लॉटिंग पेपर पर स्याही के धब्बे फैले हों।' यहाँ इन लोगों की मुलाकात परिवार के दो अन्य सदस्यों से हुई। एक सदस्य था इनका चचेरा भाई महमूद, और दूसरी थी आंटी डिक्टा (बैनेडिक्टा हेसलुंड), ये उनके मामू की, नॉर्वे की गर्लफ्रैंड थीं। महमूद को मेरी माँ बहुत दिलचस्प लगी, क्योंकि उनकी पृष्ठभूमि पर्दा स्कूल वाली थी और वे अंग्रेज़ी भी बड़े

अनोखे अंदाज में बोलती थीं। जबकि महमूद ऑक्सफोर्ड में पढ़ रहे थे, ये चूंकि काफ़ी साथ–साथ रहते थे, महमूद एक कविता के ज़रिये अम्मी को चिढ़ाया करते थे।

बेरूत से ये लोग बलबेक, दमिश्क, जेरूसलम, डैड सी गए जो अकरा के समुद्री किनारे के साथ–साथ है। फिर ये लोग 25 दिसम्बर, 1930 को नज़ारेथ पहुँचे (यहीं ईसा मसीह का जन्म हुआ था।) इसके बाद ये मिस्र पहुँचे जहाँ ये काहिरा गए। यहाँ इन्होंने वैली ऑफ़ द किंग्स, पिरामिड, स्फिंक्स, तूतनखामन का मकबरा, पिरामिड का भीतरी हिस्सा और एलैक्ज़ैंड्रिया देखे। यहाँ इन्होंने अपनी कार और मैकेनिक को छोड़ दिया, जो इनकी ग़ैरमौज़ूदगी में मिस्र के स्थानीय लोगों के दांत अपने पिलास से उखाड़ने की वजह से एक डेंटिस्ट बन गया था और उसकी काफ़ी माँग पैदा हो गई थी!

उसके बाद उन्होंने एक नाव ली और नील नदी के रास्ते लक्सॉर गए। लक्सॉर से उनके मामू आसवान के लोटस टैम्पल गए, उन्होंने, उनके चचेरे भाई और आंटी डिक्टा को वहीं छोड़ दिया था ताकि वे नाव से एलैक्ज़ैंड्रिया लौट सकें। इसके बाद ये तीनों जर्मनी के ड्रेज़्डन गए जहाँ अम्मी ने 'मैरी विगमैन' डांस स्कूल जॉइन कर लिया।

प्यारे 'दोस्त'

मेरे पिता (मैं उन्हें 'दोस्त' कहा करती थी) मार्च, 1940 में विद्यार्थियों के पहले बैच के साथ अल्मोड़ा सेंटर आए थे। वे इन्दौर के आर्ट्स कॉलेज से थे और पेंटिंग के विद्यार्थी थे। वे बहुत अच्छी उर्दू बोलते थे और सलीके से कपड़े पहनते थे। हर महीने विद्यार्थी डांस या पेंटिंग के सिलसिले में किए गए अपने काम को प्रस्तुत किया करते थे। मेरे पिता भी उसी क्लास में पढ़ते थे जिसमें जाने–माने चित्रकार एम. एफ़. हुसैन पढ़ते थे। लेकिन उन्हें डांस सीखने के लिए उदय शंकर सेंटर आना पड़ा था। विद्यार्थियों की एक एग्ज़ीबिशन में उन्होंने देवदार के पेड़ों से फ़ंगस लेकर इसे कागज पर लगाया था और इसके नीचे धान के खेतों को पेंट कर दिया था। उन्होंने अपनी इस पेंटिंग को नाम दिया था 'बर्मीज़ हट्स'। अम्मी उनकी इस एग्ज़ीबिट की ओर बहुत आकर्षित हुई थीं।

उन्हें लगा कि अगर इस लड़के को पढ़ने के लिए विदेश भेज दिया जाता तो आगे चलकर ये एक महान पेंटर बन जाता। बाद में जब अम्मी दिल्ली में एम. एफ़. हुसैन से मिलीं, तो उन्होंने अम्मी से कहा, "जब सैगल और मैं पढ़ रहे थे, तो उनके मुकाबले मैं कहीं कम ज़हीन हुआ करता था।'

एक जानी–मानी डांसर होने के अलावा अम्मी अल्मोड़ा सैंटर में सबसे पसंदीदा अध्यापकों में से एक भी हुआ करती थीं और शायद इस बात की वजह से मेरे पिता उनकी तरफ़ आकर्षित हुए। लेकिन इस दौर में वे

सामने का पृष्ठः
कमलेश्वरनाथ सैगल – बाद में उन्होंने अपने नाम के साथ नाथ लगाना छोड़ दिया, उनकी बेटी किरन उनके लिए 'दोस्त' शब्द का उपयोग करती थीं।

लोटस डांस की एक मुद्रा में,
ज़ोहरा और कमलेश्वर,
इस डांस को 1945 में लाहौर में
कमलेश्वर ने निर्देशित किया था।

अगस्त 1942 में ज़ोहरा और कमलेश्वर अपनी शादी के मौके पर।

एक बहुत ही आकर्षक लड़की – सुंदरी श्रीधरणी से प्रेम करते थे, जो अब नई दिल्ली स्थित 'त्रिवेणी कला संगम' की डायरेक्टर हैं। अम्मी को उनके जीवन के बारे में एक वार्ता प्रस्तुत करने के लिए लखनऊ बुलाया गया था। जब इस प्रोग्राम का लाइव ब्रॉडकास्ट हो रहा था तो सेंटर में मौजूद हर कोई इसे सुन रहा था, लेकिन मेरे पिता तो जैसे रेडियो से चिपके हुए थे।

रामलीला शैडो प्लैन के सृजन के दौरान ये रोमांस और फला–फूला, मेरे पिता को कॉस्ट्यूम और मास्क डिज़ाइन करने का काम सौंपा गया और अम्मी इस काम में उनकी मदद कर रही थीं। बदकिस्मती से मंकी मास्क आरामदायक नहीं थे और नर्तकों को रिहर्सल के दौरान उनकी वजह से काफ़ी मुश्किल हुई। तब मेरे पिता ने एक बिल्कुल अनोखा मुखौटा डिज़ाइन किया। इसे पहन कर डांसर आराम से देख सकते थे और सांस ले सकते थे। तीसरे साल के एक विद्यार्थी, जितेन्द्र गुलॉय को इस काम के लिए नियुक्त कर दिया गया कि वह रंग, डाई, पेंट ब्रश और डस्टर वगैरह को लाने में उनकी मदद करें। जितेन्द्र हमेशा इन दोनों के आसपास रहते थे जिससे इन युवा प्रेमियों को एकांत नहीं मिल पाता था। वक्त के साथ–साथ इन दोनों का रिश्ता और मज़बूत होता गया और इन्होंने शादी करने का फ़ैसला किया। शुरू में अम्मी इसके लिए राज़ी नहीं थीं, वे बार–बार मेरे पिता को ये याद दिलाती रहती थीं कि उनकी उम्र अम्मी से काफ़ी कम थी, दूसरा ये कि वे एक हिन्दू थे और अम्मी

मुसलमान थीं। हालाँकि दोनों को इन बातों से कोई फ़र्क नहीं पड़ने वाला था, लेकिन अम्मी को लगता था कि इस वजह से उनके परिवार वाले ज़रूर नाराज़ हो जाएंगे। लेकिन मेरे पिता ने उनकी एक नहीं सुनी, उन्होंने छुट्टी ली और शादी कर ली और उसके बाद सेंटर में फिर से अपना काम शुरू कर दिया।

जब अम्मी के ससुराल वालों को मेरे माता–पिता द्वारा शादी करने के फ़ैसले वाला एक टेलीग्राम मिला तो चाचाजी (मेरे दादा) टेलीग्राम पकड़ कर बैठ गए और बउआ (मेरी दादी) ने पूछा कि मामला क्या है? उन्होंने बउआ को बताया कि उनका बेटा उदय शंकर ट्रूप की मुसलमान डांसर के साथ शादी कर रहा था। इस पर बउआ ने कहा, 'तो क्या हुआ, अगर उसने इस लड़की को अपने दिल की रानी बनाया है, तो वो इस घर की भी रानी है।' शादी के बाद जब मेरे माता–पिता मध्य प्रदेश के सनावद में उनसे मिलने गए तो जो कुछ हुआ, मेरी माँ उसे कुछ यूँ बयान करती हैं, 'पहले दिन से ही मेरी सास ने मुझे चौके (रसोई) में बिठा दिया, जैसी कि प्रथा थी'। सैगल परिवार में ये परम्परा थी कि चौके में खाना खाने के लिए सब लोग एक साथ बैठते थे। हरेक के सामने उसकी थाली हुआ करती थी, दर्ज़ी का बेटा मंगल और हमारा नौकर भरोसे भी उनके साथ बैठ गया, जिसे मेरी दादी न जाने कहाँ से ले आई थीं। काफ़ी वक्त तक मेरे पिता और उनके भाइयों को ये लगता रहा कि ये दोनों उनके भाई ही थे। मेरी दादी बहुत पुराने ख़्याल की थीं और किसी से भी पान नहीं लेती थीं। लेकिन उन्होंने पहले दिन ही माँ को उसी थाली से ही खाने दिया, जिसमें मेरे दादा खाते थे। उन्हें पढ़ना–लिखना नहीं आता था और वे सिर्फ़ राधास्वामी पंथ की गुरुमुखी लिपि को ही पढ़ पाती थीं और वह भी काफ़ी मुश्किल से। अजीब बात ये थी कि जब वे पाली हिल वाले हमारे घर में आती थीं तो दोपहर में हमारे कमरे में आकर मेरी माँ से ऑस्कर वाइल्ड की कहानियों को पढ़ कर सुनाने को कहती थीं। अम्मी बड़े धीरज के साथ हर कहानी का अनुवाद करके उन्हें सुनातीं। उनकी पसंदीदा कहानी थी – द रोज एंड द नाइटिंगेल।

कला का एक विद्यार्थी, कमलेश्वर अपने बनाये हुए चित्रों को प्रदर्शित करने, उदय शंकर के सेन्टर अल्मोड़ा गया और वहीं उनका मन डांस सीखने मे रम गया।

चाचा जी को गाने का बहुत शौक था और मौका मिलते ही वो हारमोनियम निकाल लाते और गाना शुरू कर देते थे। ज़ाहिर है कि वे पारसी थिएटर के सब गानों से वाकिफ़ थे जिन्हें आग़ा हशर ने लिखा था, मेरी दादी का नाम चरणधारी था और सिर्फ 13 साल की उमर/आयु में ही उनकी शादी हो गई थी।

मेरे दादा–दादी के कुल 13 बच्चे हुए थे, जिनमें से सिर्फ 8 ही बचे, 6 भाई और दो बहनें। मेरे माता–पिता की शादी के बाद उनका ताल्लुक पृथ्वी थिएटर से हुआ। तो एक दिन अम्मी अपनी सास को *'दीवार'* दिखाने ले गईं, जिसमें उन्होंने एक विदेशी महिला का किरदार निभाया था, पश्चिमी देशों की पोशाक पहनी थीं जिसमें उनका किरदार स्मोकिंग और फ़्लर्टिंग वाला था। नाटक ख़त्म होने के बाद जब ये लोग घर पहुँचे तो अम्मी ने 'बउआ' से पूछा कि अपनी बहू के बारे में उनका क्या ख़याल है? बउआ का जवाब था, *'बेटी, तू लाख आदमियों में भी खड़ी रहे, मैं तेरी नजर पहचानती हूँ।'*

अम्मी अल्मोड़ा सेन्टर के अपने गुरुओं – भरत नाट्यम के गुरु कंडपा पिल्लै, मणिपुरी के गुरु अमोबी सिंह और कथकली के गुरु कलामंडलम के शंकरन नम्बूदरी के बारे में बताती हैं। गुरु शंकरन नम्बूदरी कहा करते थे – 'अगर ज़ोहरा एक पुरुष होती और मैं अंग्रेज़ी बोल पाता तो हम पूरी

1944 में लाहौर के लॉरेन्स गार्डन में, 'शिव और पार्वती' नृत्य–नाटिका में भाग लेते हुए।

दुनिया को जीत लेते!' कथक के बारे में अम्मी ने कहा कि उदय शंकर को ये नृत्य कोई बहुत अच्छा नहीं लगता था और इसीलिए उन्होंने इसे उनके ट्रेनिंग कोर्स में शामिल नहीं किया था। जबकि गुरु अमोबी सिंह अपने विद्यार्थियों को सलाह दिया करते थे, 'अगर धूल में भी सोने का कोई कण मिल जाए, तो उसे उठा लो।'

जिस दिन टैगोर टाउन, इलाहाबाद में मेरे माता–पिता की शादी हुई, तो बहुत कम लोग ही इस शादी में आए थे। अम्मी याद करती हैं कि ''भारत छोड़ो'' आंदोलन की वजह से पूरे भारत में उथल–पुथल मची हुई थी। रेलवे स्टेशन पर अमरीकी सैनिक अपनी स्टेनगन लिए हुए मौजूद थे और शाम 7 बजे से कर्फ़्यू लग गया था। शादी का रजिस्ट्रेशन घर में हुआ था और रिसैप्शन इलाहाबाद के एक होटल में हुआ था।

अम्मी की माँ के ज़ेवरात का अम्मी वाला हिस्सा एक रिश्तेदार को बेच दिया गया था, क्योंकि मेरी माँ ने शादी न करने का फ़ैसला किया था। इसलिएं अपनी शादी पर उन्होंने जो ज़ेवरात पहने थे, उन्हें उधार लिया गया था, सिवाय सोने की एक आरसी और छल्ले के। मेरे पिता ने शादी के समय कुर्ते के ऊपर गहरे बैंगनी रंग की धारीदार शेरवानी और पायजामा पहना हुआ था। रिसैप्शन में आए गिने–चुने लोग शाम 5 बजे तक जा चुके थे। दूल्हे की तरफ़ से बारात में केवल बंदू मेहरोत्रा ही इन्दौर से आए थे।

शादी से पहले ये लोग मेरी मौसी और मौसा के पास टैगोर टाउन में उनकी कॉटेज में रहे। इस दौरान मेरी माँ ने तीन साल की उनकी बेटी सलीमा को कुछ डांस सिखाया था। शादी की तमाम तस्वीरें मिस्टर ज़ैदी ने ली थी लेकिन उनका स्टूडियो जल जाने से सारी तस्वीरें भी नष्ट हो गईं। जवाहर लाल नेहरू (पंडित जी) को मेरे माता–पिता की शादी पर एक डिनर की मेज़बानी करनी थी और उन्हें पर्शियन कारपेट का एक जोड़ा तोहफ़े के तौर पर देना था, लेकिन उन्हें 12 अगस्त, 1942 को गिरफ़्तार करके पूना जेल ले जाया गया। जब मेरी अम्मी के जीजा और एक जाने–माने कम्युनिस्ट नेता डॉक्टर ज़ैड. ए. अहमद उनकी रिहाई के बाद उन्हें देखने गए तो पंडित जी ने उनसे सबसे पहली बात ये पूछी, 'वो युवा जोड़ा कैसा है?' जब अम्मी ने ये बात सुनी, तो वो बोली, 'आपको उनसे पूछना चाहिए था कि कारपेट का वह जोड़ा कहाँ है?'

दंगों की वजह से रेलगाड़ियाँ अपने तय समय पर नहीं चल पा रही थीं, इसलिए मेरे माता–पिता को अल्मोड़ा सेन्टर लौटने से पहले एक हफ़्ते

एक नृत्य–नाटिका 'शिव और पार्वती' में भाग लेते हुए ज़ोहरा और कमलेश्वर।

तक इलाहाबाद में और फिर एक और हफ़्ते देहरादून में रुकना पड़ा, जहाँ मैम्फ़िस ने उन्हें आने का न्यौता दिया था। सेंटर में चूंकि शादीशुदा जोड़ों के लिए घर नहीं था, इसलिए उन्होंने दो कमरे वाले एक कोल शैड में सफ़ेदी करके उसे ही एक कॉटेज की शक्ल जैसा बना दिया था।

मेरे पिता ने कॉटेज की दीवारों पर जनजातीय आकृतियाँ पेंट कर दीं, आगे के हिस्से को खोद कर उसमें एक बगीचा बना दिया और फूलों की टोकरियों को यहाँ–वहाँ लटका दिया। जल्दी ही पूरे शहर में इसकी चर्चा होने लगी और जल्दी ही अल्मोड़ा के लोग इसे देखने आने लगे। अध्यापक–शिष्य की इस शादी ने उनके लिए और उनके आसपास के लोगों के लिए बड़ी अजीब सी स्थिति पैदा कर दी थी। फिर जून, 1943 में उन्होंने सेंटर को छोड़ने का फैसला कर लिया। शुरू में वे मेरे पिता के एक बहुत पुराने दोस्त रंजीत रॉय और उनके माता–पिता के यहाँ लाहौर में रुके। (रंजीत रॉय अल्मोड़ा सेंटर से ही मेरे पिता के दोस्त थे।) बाद में मेरे माता–पिता 32 एम्प्रैस रोड़, लाहौर में चले गए, जहाँ काफ़ी जगह थी। ये विशाल बंगला खन्ना परिवार का था और मेरे माता–पिता इसके

एकदम दाएँ: ज़ोहरा के ससुर जिन्हें 'चाचाजी' कहा जाता था, और जो गाने के काफी शौकीन थे।

आधे हिस्से में रहते थे। यहाँ उन्होंने अपना इंस्टीट्यूट अक्टूबर, 1943 में शुरू किया, जिसे उन्होंने नाम दिया – ज़ोरेश डांस इंस्टीट्यूट। अम्मी एक अनुभवी डांसर और टीचर थीं, तो उन्हें लगा कि इस इंस्टीट्यूट का डायरेक्टर उन्हें ही होना चाहिए, लेकिन पिताजी इस बात पर राज़ी नहीं थे, तो उनमें आपस में ख़ूब झगड़ा हुआ, काफी आँसू बहे और फिर वे दोनों सह–निर्देशक बनने पर राज़ी हो गए। इन्होंने 3 साल का एक कोर्स बनाया और फिर मेरे पिता ने अपने ब्रश के एक ही स्ट्रोक से ब्रोशर का कवर बना डाला।

ये दोनों अलग–अलग डांस सिखाया करते थे और अम्मी लड़कियों के कई स्कूलों और कॉलेजों में क्लास भी लेती थीं। गवर्नमेंट कॉलेज, लाहौर के प्रोफ़ेसर जी. डी. सोंधी ने मेरे पिता से एक डांस बैले कम्पोज़ करने को कहा। तब ट्रूप ने लॉरैंस गार्डन (अब बाग–ए–जिन्ना) में 'शिव पार्वती'–नृत्य नाटिका किया था। मेरी माँ ने इसमें पार्वती की भूमिका निभाई थी, और वे याद करती हैं कि वे किस तरह एक सती के तौर पर दक्ष के यज्ञ में कूद गई थीं। बाद में उनके जन्मदिन के डिनर पर ये पता चला कि वे तब तीन महीने की गर्भवती थीं और उन्हें ये जोखिम नहीं उठाना चाहिए था।

उनकी नियमित शागिर्दों में करीब 6 लड़कियाँ थीं जिनमें इन्दु चटर्जी (अब विवाहित, इस्लामाबाद में बस चुकी हैं और डांस सिखाती हैं) और दो लड़के शामिल थे। स्वर्गीय मोहन खोकर इनमें से एक थे, जिन्होंने बाद में भारतीय शास्त्रीय नृत्य के अन्य प्रकार सीखे और फिर दिल्ली में संगीत नाटक अकादमी के सैक्रेटरी बन गए। वे उदय शंकर के भक्त थे और कोलकाता में उनके अंतिम क्षणों में उनके साथ रहे और उन्होंने कुछ दुर्लभ फ़ोटो वाली एक किताब भी उन पर निकाली। दूसरे लड़के, घनश्याम जयनागरकर ने बँटवारे के बाद कराची में, रक्स–ए–पाक के नाम से एक डांस स्कूल खोला।

लगभग दो साल बाद मेरे माता–पिता के एक दोस्त, शौकत उमर ने उनसे कहा कि वे उनके विद्यार्थियों के साथ एक टूर पर जाएं और आर्थिक मदद के तौर पर उन्हें 15 हजार रुपये भी दिए। मेरे माता–पिता एक बंद कमरे में बैठकर इस पैसे को गिनने लगे और गिनती पूरी होने पर इस पैसे को हवा में उछाल दिया। उन्हें अपनी किस्मत पर यकीन ही नहीं हो रहा था! वे अपनी सोलो, डुएट और ग्रुप रचनाओं के साथ पूरे भारत में घूमे। इनमें एक नृत्य नाटिका 'द सर्पंट' भी शामिल था जिसमें दिखाया गया था कि किस तरह अंग्रेज़ धीरे–धीरे भारत में दाखिल हुए और बाद उन्होंने सत्ता हासिल कर ली थी। लेकिन फिर इस देश के लोगों ने उन्हें यहाँ से निकाल दिया था। अन्य नृत्यों में पालकी, फ़िशरमैन्स डांस, बर्मीज़ डांस, काउहर्ड्स डांस, लोटस डांस और कठपुतली डांस शामिल थे। तिमिर रुण पहले दादा के म्यूजिक डायरेक्टर थे, उन्हें इनका म्यूजिक डायरेक्टर बनाया गया। अली अकबर, जो बाद में एक मशहूर सरोदवादक बने, और ओमानी दास गुप्ता उन संगीतकारों में से एक थे जिन्होंने मेरे माता–पिता के साथ काम किया था।

जब ये लोग एक टूर पर निकलने वाले थे तो तिमिर बरुण ने न हीं जाने का फैसला किया, जिसकी वजह अम्गी को आज तक नहीं मालूम, और उनकी जगह अली अकबर ने ले ली। होरेन घोष कई साल से भारत में दादा के टूर आयोजित कर रहे थे, वे मेरे माता–पिता के लिए काम करने को राजी हो गए। हालाँकि उनका टूर काफ़ी सफल रहा, लेकिन इसके आखिर में उनके पास एक फूटी कौड़ी नहीं थी, क्योंकि होरेन का कहना था कि उन्हें कोई भी मुनाफ़ा नहीं हुआ है। कई साल बाद होरेन की बड़ी दर्दनाक मौत हुई, किसी ने उनके शरीर को काट कर एक सूटकेस में भर दिया था।

कई फ़ैसलों का दौर

मेरे माता–पिता ने अपने टूर लाहौर में शुरू कर दिए थे। इस क्रम में वे अमृतसर, देहरादून, लखनऊ, बरेली, मुरादाबाद, इन्दौर, आसनसोल, दमदम और आखिर में कोलकाता गए जहाँ उन्होंने उसी न्यू एम्पायर थिएटर में डांस किया जहाँ मेरी माँ ने 8 अगस्त, 1935 को उदय शंकर के साथ अपना पहला सार्वजनिक प्रदर्शन किया था। कोलकाता से ये लोग लाहौर लौटे, इन्होंने अपने ट्रूप को खत्म कर दिया और मुम्बई चले गए। यहाँ 41 पाली हिल से इन्होंने दोबारा अपना डांस ग्रुप 1940 के दशक के मध्य में शुरू किया और इसका नाम रखा – सैगल बैले। चरनी रोड के साराभाई हिल पर वीकेंड पर इनके नियमित प्रोग्राम हुआ करते थे। एक बैले का टूर भी होने वाला था कि इसी बीच महात्मा गाँधी की हत्या हो गई, और सारा प्रोग्राम रद्द कर दिया गया।

ये वो वक्त था जब मेरे पिता फ़िल्म निर्देशन में रुचि लेने लगे थे। इस समय प्रगतिशील लेखकों का एक समूह होता था जिसमें ख़्वाजा अहमद अब्बास, मुल्कराज आनंद, कैफ़ी आज़मी, मजाज़, मिराजी, मख़दूम, जान निसार अख़्तर, करतार सिंह दुग्गल, फैज़ अहमद फैज़, कृषण चन्दर, सरदार जाफ़री, हबीब तनवीर और अनील डिसिल्वा शामिल थे। अनिल ने सलाह दी कि उन्हें एक ऑल इंडिया पीपुल्स थिएटर बनाना चाहिए, जिसे बाद में इप्टा यानी इंडियन पीपुल्स थिएटर एसोसिएशन कहा गया। इसका गठन भारत की आजादी से पहले 1940 के दशक की शुरुआत में

सामने का पृष्ठः
एल्गिन रोड, कोलकाता में एक अभ्यास के दौरान उदय शंकर के साथ, ये उनका पहला विज्ञापन फ़ोटोग्राफ़ था।

कोलकाता में उदय शंकर और उनकी माँ के साथ।

हुआ था। बलराज साहनी, चेतन और उमा आनंद, भीषम साहनी, दमयंति साहनी (बलराज साहनी की पहली पत्नी), अमिता मलिक, इक़बाल मलिक, साहिर लुधियानवी, शकील बदायूँनी, रोमेश थापर और उनकी पत्नी दीना पाठक और उनकी बहन शान्ता गाँधी, हामिद और उज़रा बट्ट, होमी सेट्ना, ए. बी. सरन, विश्वामित्र आदिल, भरत व्यास, कृषण धवन, शाहिद लतीफ़, इस्मत चुग़ताई, कृषण चन्दर, राजेन्द्र सिंह बेदी, मशहूर संगीत निर्देशक और लोक गायक एस. डी. बर्मन, प्रेम धवन, एक और मशहूर संगीत निर्देशक सलिल चौधरी तथा अन्य कई लोग इसके सदस्य बने।

पृथ्वीराज कपूर को इसका अध्यक्ष नामांकित किया गया था। हर कुछ वर्ष पर ये नामांकन होते थे और 1946 या 1947 में मेरी माँ उपाध्यक्ष

बनी थीं। कोई भी अभिनेता, लेखक, डांसर या पेंटर, जिसके दिल में भारत की आजादी की आग थी, वही इप्टा का सदस्य बन गया। जल्दी ही ये आंदोलन फैल गया और समस्त भारत के मुख्य शहरों में इसके सेंटर स्थापित हो गए। कोलकाता में उत्पल दत और शंभु मित्रा भी इस आंदोलन के जाने–माने सदस्य बने। एकांकी, नुक्कड़ नाटक, कविता सत्र, डांस और संगीत के परफ़ॉरमैंस हुआ करते थे लेकिन किसी भी कलाकार या सदस्य ने कभी फ़ीस की मांग नहीं की। मुम्बई में ऐसे ही कुछ प्रदर्शनों के दौरान उन्हें मोरारजी देसाई की पार्टी ने तंग किया। तब अम्मी ने, जो कि उस वक्त उपाध्यक्ष थीं, जवाहर लाल नेहरू को चिट्ठी लिखी, जो 1947 में अंतरिम सरकार के उपाध्यक्ष थे। उन्होंने बड़े शराराती लहज़े में लिखा, 'एक उपाध्यक्ष से दूसरे उपाध्यक्ष को'! लेकिन उन्हें सताए जाने का सिलसिला फिर रूक गया।

1945 में पी. सी. जोशी नाम के एक कम्युनिस्ट ने नर्तकों और संगीतकारों का एक समूह बनाया, जिसे उन्होंने नाम दिया – कल्चरल स्क्वॉड, और मेरी माँ से उसे संभालने का अनुरोध किया। वे इस प्रस्ताव से बड़ी रोमांचित हुईं और ये काम करने का फ़ैसला किया। लेकिन मेरे पिता से इस पर बातचीत करने के बाद उन्होंने अपना ये विचार छोड़ दिया। पिताजी ने कहा कि वे तो पहले से ही पृथ्वी थिएटर्स में काम कर

1947 पठान में, शेर ख़ान और ख़ैरूनिस्सा के किरदार में पृथ्वीराज कपूर और ज़ोहरा।

ज़ोहरा अभिनय से प्यार करती थीं और यही उनका लक्ष्य भी था, जिसके लिए वो खुद को एकदम तैयार रखती थीं।

रही हैं, ऐसे में उनके लिए दोनों ही जगहों के साथ न्याय करना मुश्किल हो जाएगा। इसलिए उनकी जगह शांति बर्धन को नियुक्त किया गया। कल्चरल स्क्वॉड में प्रभात गांगुली, गुल बर्धन, जितेन्द्र गोलोई, अबनी दास गुप्ता, रवि शंकर, शान्ता गाँधी, नरेन्द्र शर्मा, सचिन शंकर तथा अन्य कई लोग शामिल थे। नरेन्द्र शर्मा ने जवाहर लाल नेहरू की पुस्तक *डिस्कवरी ऑफ़ इंडिया* पर एक नृत्य नाटिका कम्पोज़ की और उसके साथ ही स्क्वॉड ने सम्पूर्ण भारत का सफलतापूर्वक टूर किया।

शुरू में अम्मी ने इप्टा के साथ दो उर्दू नाटक किए, *धनी बांके* और *नौकरानी की तलाश*। इसमें शौकत आज़मी भी थीं। बाद में वे इप्टा के इंग्लिश ड्रामा सैक्शन की एक जानी–मानी अभिनेत्री बन गईं। उन्हें अपनी भूमिका वाले दो महत्वपूर्ण नाटक याद हैं, एक था जे. बी. प्रीस्टले का – *दे केम टु अ सिटी*, इसका निर्देशन हेमा केसरकोड़ी, उमा आनंद, सफ़दर

वेटिंग फ़ॉर लेफ़्टी में रोमेश थापर के साथ।

मीर और बी के नेहरू ने किया था, दूसरा नाटक था क्लिफ़र्ड ऑडेट्स का – *वेटिंग फ़ॉर लेफ़्टी*। इसका निर्देशन मुल्कराज आनंद ने किया था, जिन्होंने उनके पति का रोल निभाया। ख़्वाजा अहमद अब्बास ने बंगाल के सूखे पर आधारित एक फ़िल्म लिखी और निर्देशित की, जिसका नाम था – *धरती के लाल*।

आजादी के बाद इप्टा का प्रभाव कम हो गया, क्योंकि इसने अपना उद्देश्य प्राप्त कर लिया था, लेकिन फिर भी इसके प्रति कुछ समर्पित सदस्य इसे चलाते रहे। मगर इप्टा का झुकाव 'वामपंथ' की ओर हो गया था, इसलिए कई सदस्यों ने बाद में इसे छोड़ दिया।

तेज नज़रें

बचपन के बारे में सोच कर मेरी कई यादें बरबस ताज़ा हो जाती हैं। अम्मी ज़रूरत पड़ने पर बहुत सख़्त भी हो जाती थीं और मैं बचपन में इस बात की वजह कभी नहीं समझ पाई। जब हम मुम्बई में थे और पृथ्वी थिएटर्स में उन्हें डांस – डायरेक्टर के तौर पर नौकरी दी थी तो वे मुझे चरनी रोड पर मौजूद ऑपेरा हाउस ले जाती थीं। ट्रूप किसी थिएटर में रिहर्सल करता और परफ़ॉरमैंस देता था। ऑपेरा हाउस आज भी मौजूद है। उनकी तेज नजरें पूरे वक्त मुझ पर ही रहती थी। वे मुझे थिएटर के लड़कों और लड़कियों के साथ प्रैक्टिस कराती थीं और अगर डांस का रिहर्सल नहीं हो रहा होता था, तो मुझे ऑडिटोरियम में बैठे रहना होता था और ट्रूप के रिहर्सल के दौरान वहाँ हिलना नहीं होता था। जब किसी नाटक की रीडिंग हो रही होती थी, तो मैं ग्रुप के साथ ही बैठकर उसे सुनती थी। कभी–कभी मैंने बाहर मौजूद कैंटीन में बैठने की भी कोशिश की, लेकिन मुझे फ़ौरन वापिस ले आया गया। हम बस या ट्रेन में सवार होकर पाली हिल से चरनी रोड आते थे। सबसे पहले पाली नाका तक पैदल जाना होता था, वहाँ से बस लेकर हम बांद्रा स्टेशन पहुँचते और फिर लोकल ट्रेन लेते थे। ये सफ़र काफी थकाने वाला और मुश्किल था, लेकिन वे रोज इसे किया करती थीं। जब पृथ्वी थिएटर के शो होते थे तो मैंने बतौर बाल कलाकार इनमें से कई में काम किया, सिवाय *आहुति*, *पैसा* और *गदर* के। ऐसे शो के दौरान मुझे सख़्त हिदायत थी कि मैं

सामने का पृष्ठः
1958, पृथ्वी थिएटर के नाटक 'दीवार' में एक विदेशी महिला का किरदार निभाते हुए ज़ोहरा सैगल।

विंग्स में बैठूं, और मैं एक आज्ञाकारी संतान की तरह ऐसा ही करती थी। मुझे *गदर* नाटक से नफ़रत थी, क्योंकि उसमें मेरी माँ एक बड़ी उम्र की नौकरानी का किरदार निभा रही थी और हर दृश्य में और ज्यादा बूढ़ी होती जाती थी।

उन दिनों चेहरे पर होने वाला मेकअप अपने आप में एक सफ़र जैसा था। सबसे पहले एक बेस छोटे–छोटे डॉट्स की शक्ल में लगाते, और फिर इसकी एक समान सतह होने तक इसे फैलाया जाता था। इसके बाद शेडिंग और हाइलाइटिंग होती थी। फिर पफ़ का इस्तेमाल किया जाता था, तब आपको लगता था जैसे आप किसी बादल में गुम हो गए हैं और उससे कभी बाहर नहीं आ पाएंगे। सबसे आखिर में पानी का स्प्रे करके चेहरे के हर हिस्से को थपथपाया जाता था, और फिर लिपस्टिक, आइब्राउ पेंसिल और मसकारा से चेहरे को सजाया संवारा जाता था।

'दीवार' में मेरी माँ ने एक विदेशी महिला का किरदार निभाया था, जिससे मुझे काफ़ी शर्मिन्दगी होती थी। इस नाटक में उन्होंने पश्चिमी पोशाकें पहनीं थीं, वे सिगरेट पीती रहती थीं और पुरुषों के साथ फ़्लर्ट करती थीं। ये कहानी दो भाइयों की थी जो एक–दूसरे के बहुत करीब थे और अपनी–अपनी पत्नियों संग, एक साथ रहते थे। लेकिन उनकी ज़िन्दगियों में एक विदेशी महिला के आने से वे अलग हो जाते हैं। इस वजह से उनके घर के बीच एक दीवार बन जाती है जो घर को दो हिस्सों में बाँट कर 'भारत के बंटवारे' को दर्शाती है। आज भी जब वे किसी पुरुष के साथ फ़्लर्ट करती हैं या शरारत करती हैं, तो मुझे और मेरे भाई को काफ़ी तकलीफ़ होती है। अगर मैं उनकी बेटी न होती, तो शायद मुझे भी उनकी बातों में मजा आता। जब वे किसी इंटरव्यू लेने वाले के सामने ऐसी बातें करती हैं, और मैं उसी कमरे में होती हूँ, तो मैं वहाँ से चली जाती हूँ।

अम्मी ने अक्टूबर, 1945 में पृथ्वी थिएटर को जॉइन किया, लेकिन उन्होंने शुरुआत एक डांस–डायरेक्टर के तौर पर की थी। उनका कहना था कि पापा जी इतने बड़े दिल के थे कि जो कोई भी पृथ्वी थिएटर्स को जॉइन करना चाहता था, वे उसे कभी ना नहीं कहते थे। कुछ देर सोचने के बाद उन्होंने कहा था 'सिवाय मेरे'। जब मेरी माँ उनके थिएटर को जॉइन करना चाहती थीं तो पापाजी ने शायद मना कर दिया था, लिहाज़ा उन्होंने एक डांस डायरेक्टर के तौर पर जॉइन कर लिया था। अम्मी अपने शुरुआती दिनों में उदय शंकर के साथ अल्मोड़ा सेंटर में

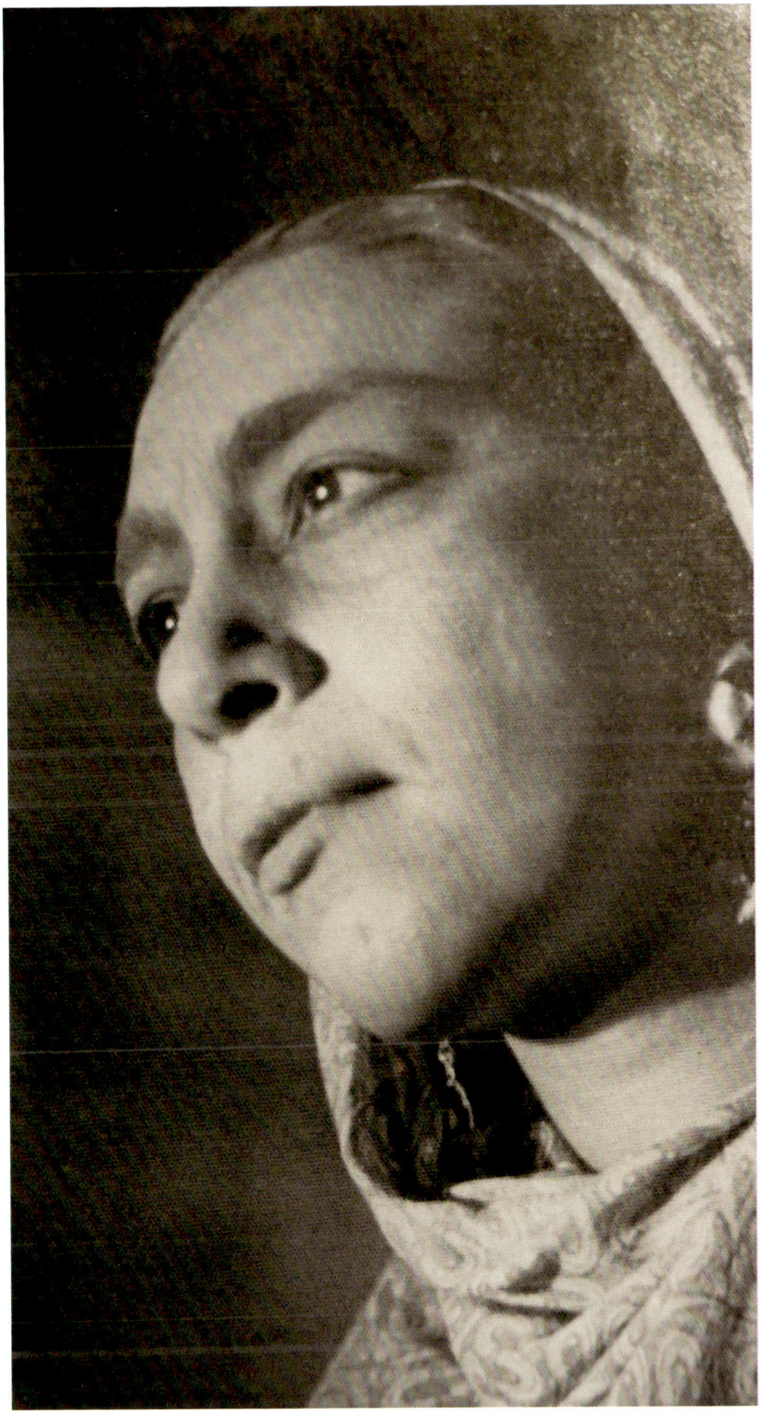

पृथ्वी थियेटर के नाटक
गद्दार में ज़ोहरा।

अध्यापन वाले पाठ्यक्रम से जुड़ी रही थीं, (वे वहाँ एक टीचर रह चुकी थीं) लिहाज़ा उनके पास काफी अनुभव था और पृथ्वी थिएटर जॉइन करने पर इस बात से उन्हें काफ़ी मदद मिली।

वे बहुत सख़्त थीं और बतौर टीचर बहुत अच्छी भी थीं। मुझे नहीं लगता कि थिएटर में कोई भी उनकी कक्षाओं को मिस करता होगा। मेरी माँ किसी की भी फ़ालतू बात बर्दाश्त नहीं करती थीं और जानती थीं कि शरारती विद्यार्थियों को कैसे नकेल डाली जाती है। वे क्लास की शुरुआत एक्सरसाइज़ से करती थीं जिसे उन्होंने 'दादा' (उदय शंकर) से सीखा था। और उसके बाद वे डांस शुरू करती थीं – इसमें पुराने डांस का अभ्यास या नए कम्पोज़ीशन शामिल थे। उनके साथ डांस में मेरी भी ये शुरुआती ट्रेनिंग थी। उनकी क्लास में सुरेश भट्ट नाम का एक बहुत ही शानदार युवा डांसर था जिसने बाद में फिल्मों में भी डांस–डायरेक्शन दिया। उन्होंने सुरेश के लिए 'शिव–तांडव' नाम की एक प्रस्तुति कम्पोज़ की थी, जिस पर उसने बहुत अच्छी तरह नृत्य किया था। वे नृत्य करते हुए किस तरह ऊंची कूद लगाते थे और घूमते थे। उनके कुछ अन्य शिष्यों में रूमा गांगुली, यानी किशोर कुमार की पहली पत्नी, गोपा लाल, हीरा, इन्दुमति लेले, जिनका अब डांसरों का अपना ग्रुप है, कुमुद (लेले) शंकर, जिन्होंने सचिन शंकर से विवाह किया, सत्यनारायण, जो बॉलीवुड में एक डांस डायरेक्टर बने, प्रयागराज शर्मा, प्रसिद्ध फ़िल्म स्क्रिप्ट राइटर तथा और भी कई लोग शामिल थे जिन्होंने किसी न किसी क्षेत्र में अपने लिए नाम कमाया, अर्थात पृथ्वी थिएटर्स के सभी अभिनेता मेरी माँ के शिष्य थे। आज भी जब शशि कपूर उनसे मिलते हैं, तो वे हाथों की वही एक्सरसाइज़ करने लगते हैं, जो मेरी माँ ने उन्हें सिखाई थी।

किसी बच्चे के लिए खुद को थिएटर की दुनिया से अलग करना बहुत मुश्किल होता है। थिएटर और असल जिन्दगी एक रूप हो जाती है, '*शंकुतला*' नाटक में मौसी उज़रा बट्ट ने शकुंतला का किरदार निभाया था, पृथ्वीराज कपूर दुष्यंत बने थे और मैं उन बच्चों में शामिल थी जो आश्रम में इधर से उधर दौड़ते रहते थे। मेरी माँ चूंकि इस नाटक में काम नहीं कर रही थीं, लिहाजा वे विंग्स में बैठकर देखती रहती थीं। एक दृश्य में जब शकुंतला आश्रम में सबसे विदा लेती हैं तो माहौल पीड़ा से भर जाता है। स्टेज पर मौजूद हर एक्टर रो रहा था, मैं भी जोर–जोर से रोने लगी थी, क्योंकि मुझे लगा कि अब मेरी मौसी हमेशा के लिए हमें छोड़ कर जा रही हैं।

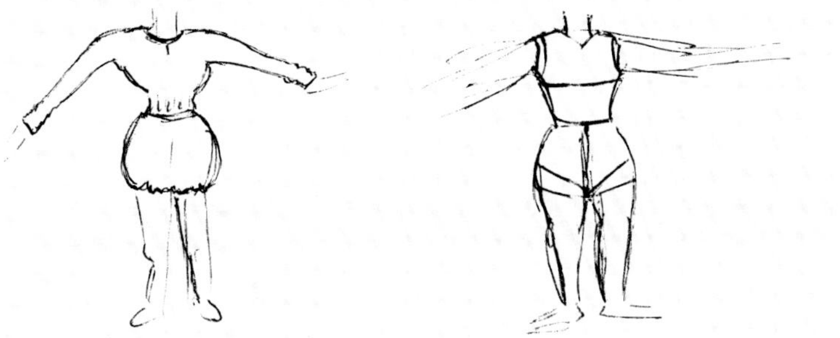

डांस एक्सरसाइज पर ज़ोहरा के बनाये स्केच।

मेरी माँ, जो विंग्स में एक कुर्सी पर बैठी थीं, उन्होंने मुझे अपनी बांहों में लेकर मुझसे पूछा, 'तुम रो क्यों रही हो किरण?' मैंने जवाब दिया कि मुझे यूँ लगा जैसे मेरी मौसी अब फिर कभी नहीं लौटेंगी। अम्मी ने मुझे गले से लगा लिया, और मैं इस बात को कभी भूलूँगी नहीं। वे कहने लगीं, अरे ये तो सिर्फ़ एक नाटक है। मेरी मौसी ने मुझे रोते हुए देख लिया था तो वे फ़ौरन बोलीं, 'देखो मैं तो यहीं हूँ, मैं तो कहीं नहीं जा रही। ये थिएटर है, थिएटर।' ये बड़ा अजीब सा अहसास था, लग रहा था जैसे कुछ साफ़–साफ़ नज़र ही नहीं आ रहा है। एक बच्चे के तौर पर असलियत और कल्पना के बीच एक लकीर खींचना मेरे लिए वाकई मुश्किल साबित हो रहा था।

डांस में भी अम्मी मेरी पहली गुरु हैं। बचपन में मुझे डांस में बड़ा मज़ा आता था। लेकिन इसके लिए जिस कड़े अनुशासन की जरूरत थी, वह मुझे अच्छा नहीं लगता था। मुझे याद है कि जब मैं 11 या 12 साल की हो गई थी, तो मेरी माँ ने मुझ पर कई डांस कोरियोग्राफ़ किए, जबकि उस समय मैं अपने दोस्तों के साथ खेलना चाहती थी। मैं जब भी स्कूल से आती, वे मुझे अपने साथ पृथ्वी थिएटर्स ले जाती थीं और वहाँ उनकी बाज़ जैसी नज़रें मुझ पर ही जमी रहती थीं। डांस क्लास से पहले होने वाली सभी वार्मिंग–अप एक्सरसाइज़ेस में भाग लिया करती थी और दूसरे थिएटर के डांसर्स के साथ डांस भी किया करती थीं। उदय शंकर स्टाइल में मैंने पहले भरत नाट्यम सीखा और आखिरकार मैंने ओडिसी भी सीख लिया। इसमें मेरी माँ की ट्रेनिंग ने मेरी काफ़ी मदद की। मैंने अनजाने में उनके सिखाए अनुशासन और धीरज को आत्मसात कर लिया। सालों बाद मैंने भी कई बॉडी व्यायाम बनाई जिसे मेरी शिष्याओं ने सीखे और अपने शिक्षण में इसे प्रयोग किया।

डांस एक्सरसाइज़ पर ज़ोहरा के बनाये स्केच।

जब शीला धर ने मेरी अम्मी से पूछा कि अपने विविधता भरे कैरियर में उन्हें सबसे ज़्यादा मज़ा किस चीज में आया (''मीटिंग ज़ोहरा सैगल'' ये इन्टरव्यू लगभग 20 साल पहले हुआ था) तब अम्मी ने कहा था'' 'टीचिंग। मैं एक बेहतरीन टीचर हो सकती थी, मैं जानती हूँ, एक डांसर या अदाकारा से कहीं बेहतर। मुझे ये तब महसूस हुआ जब मैं पृथ्वी थियेटर में डांस डायरेक्टर हुआ करती थी। एक अदाकारा के तौर पर मैंने काफ़ी पैसा, इज्ज़त और लोगों का प्यार पाया। लेकिन पहले उदय शंकर की वज़ह से फिर पृथ्वीराज की वजह से और अधिक चर्चा में रहने का अवसर मिला। पर शायद मेरे लुक की वजह से या फिर किसी दूसरे कारण से मुझमें सितारों वाली क्वालिटी की कमी थी। अगर मेरा कोई स्कूल या फिर कोई परफॉर्मिंग ट्रूप रहा होता जहाँ मैं लोगों को कुछ सिखा रही होती तो मैं अवश्य कहीं ज्यादा बड़ी हस्ती होती।'

अम्मी ने रबीन्द्रनाथ ठाकुर की कविता पर नृत्य कम्पोज़ किए थे जिनमें संगीत सलिल चौधरी का था। मुझे आज भी उसकी कुछ धुनें याद हैं। मुझे एक कविता 'बाउल बाउल, बजाए, बजाए, बजाए रे, बजाए रे एकतारा.' पर एकल नृत्य करना था (ये मेरा पहला नृत्य था) रिहर्सल में बहुत मजा आया, लेकिन शो वाले दिन मुझे डर लगने लगा, और जब मेरी बारी आई तो मैं स्टेज पर जाने को ही तैयार नहीं थी। मुझे याद है,

मेरी माँ जो मेरे पीछे खड़ी थीं, मैंने उन्हें पकड़ लिया और कहा 'मुझे नहीं जाना', इस पर उनका कहना था 'कैसे नहीं जाना', और उन्होंने मुझे ज़ोर से धक्का दे दिया। स्टेज पर पहुँचने के बाद मुझे नृत्य करने में बहुत आनंद आया और मैं आज तक ये सब करती आ रही हूँ।

मुझे एक अन्य घटना याद आ रही है जो गुजरात के पोरबंदर में 1953 के आसपास घटित हुई थी। पवन तब छोटा था और वह भी पृथ्वी थिएटर के ट्रूप के एक हिस्से के तौर पर मेरी माँ और मेरे साथ था। हम एक सुबह पृथ्वीराज कपूर के कमरे में बैठे थे कि तभी उनका वफ़ादार नौकर प्यारे लाल 'एक दुबला आदमी, जिसकी चमकती भूरी चमड़ी थी, बड़ी–बड़ी मूंछें और वह बनियान और खाकी शॉर्ट्स पहनता था,' पापा जी की चाय लाया और ट्रे को उनके बिस्तर पर रख दिया जहाँ पवन बैठा हुआ था। सब लोग बातचीत में व्यस्त थे और किसी ने नहीं देखा कि पवन टी पॉट की तरफ बढ़ रहा है। कुछ क्षण में ही उबलती चाय उस पर उलट गई और वह जोर–जोर से चिल्लाने लगा। उसकी दाँयी जांघ और टाँग पर बड़े–बड़े छाले पड़ गए, फौरन डॉक्टर वहाँ पहुँचे और मेरी माँ ने अपने बेटे को गोद में उठा लिया जो दर्द से चीख रहा था और डॉक्टर उसके छालों को काट कर खोल रहे थे। मुझे आज भी याद है वो कैसे चिल्ला रहा था, और उसकी हर चीख के साथ मेरा दिल भी रो रहा था। अगर मैं उसकी माँ होती तो मैं भी रोने लगती, लेकिन अम्मी ने उसे बड़ी मज़बूती से पकड़े रखा। उन्होंने अपने नन्हे से बेटे की खातिर अपने दर्द और अपने आँसुओं को दबाए रखा। मैं कभी–कभी ये सोच कर हैरान होती हूँ कि क्या खुद को इतना ज़्यादा काबू में रखना अच्छी बात है!

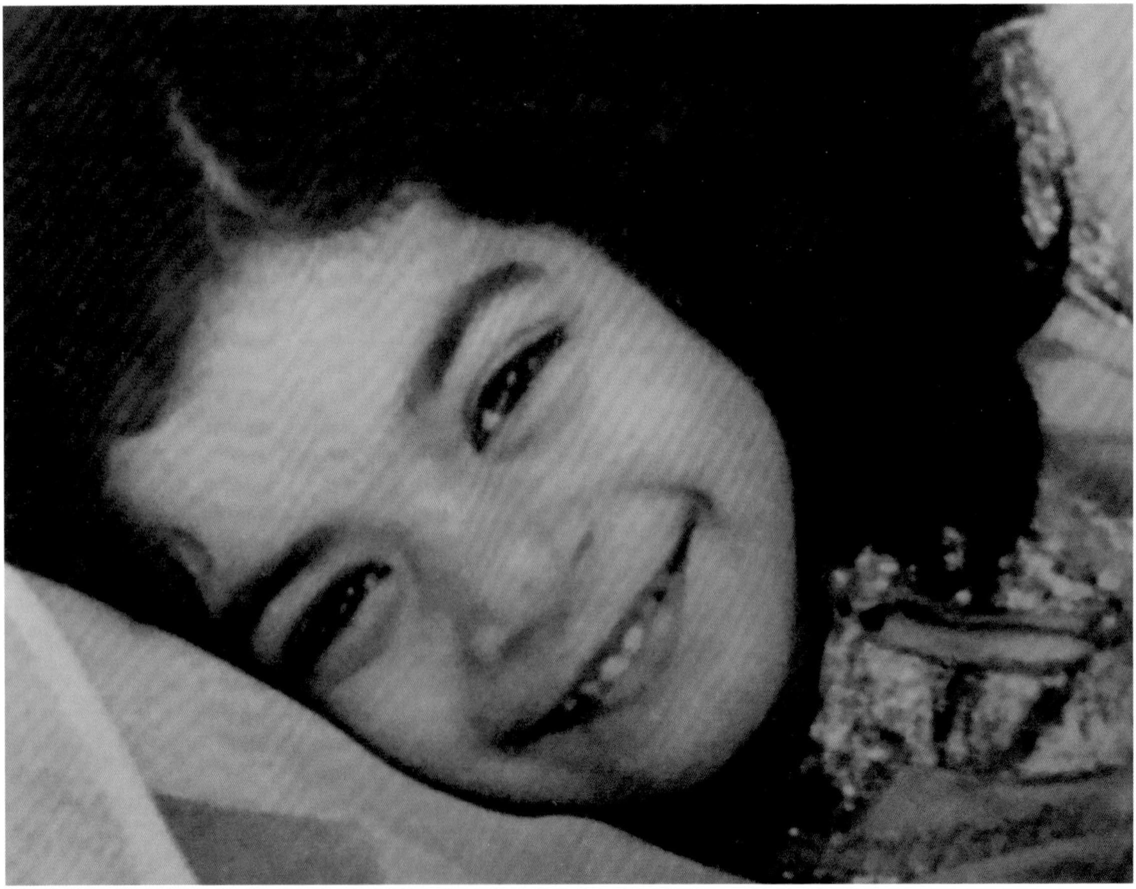

पाली हिल

मुम्बई का 41 पाली हिल वह बंगला था जहाँ हम सभी रुके हुए थे। 'हम' हम से मेरा मतलब है चेतन आनंद, देव आनंद, विजय आनंद और उनकी बहन सावित्री कोहली, जिन्हें हम बच्चे 'माती' कहा करते थे। वे वहाँ अपने 6 बच्चों और अपनी दो अन्य बहनों के साथ रहती थीं। हम उन्हें उषा आंटी और बोनी आंटी कहते थे, इसके अलावा उमा आंटी (चेतन आनंद की पत्नी) भी थीं, उनके दो बच्चे 'कुनकी' (केतन) और 'गुन्नू' (विवेक) भी थे, क्योंकि ये घर एक पहाड़ी पर बना था तो इसका प्रवेश द्वार बड़ा अजीब सा था। अगर आप पहाड़ी की तरफ़ से इसमें दाखिल होते, तो आनंद परिवार की मंज़िल ग्राउंड फ़्लोर होती और हमारी मंज़िलें उससे नीचे होतीं, लेकिन अगर आप घर में हमारी तरफ से दाखिल होते तो आनंद परिवार का घर दूसरी मंज़िल पर होता। मकान मालिक, मिस्टर और मिसेज कॉर्क, अपने बेटों एलेन और नोल तथा अपने कुत्तों के साथ सबसे ऊपर रहते थे। कुत्ते हमेशा उनके साथ ही मौजूद रहते थे। मिस्टर कॉर्क का रंग गोरा था, बाल बादामी थे और आँखें छोटी और नीली थीं। वे पतले–दुबले इंसान थे। मिसेज कॉर्क का रंग भी गोरा था, बाल सुनहरे थे, उनकी आँखें हल्के रंग की थीं जो कभी तो हरी और कभी सुरमई लगती थीं, आप कहाँ खड़े हैं, और उन्होंने कितनी पी रखी है, ये इस बात पर निर्भर करता था। वे हमेशा सिगरेट पीती रहती थीं, शराब पीने के बाद ये पति–पत्नी आपस में झगड़ते रहते थे । अम्मी और दोस्त, हालाँकि बहुत

सामने का पृष्ठः
छोटी बच्ची किरण का उनके पिता का लिया हुआ एक फ़ोटो।

खुश रहते थे लेकिन न जाने क्यूं उन दोनों के बैडरूम अलग–अलग थे। अब वे मुझे बताती हैं कि मेरे पिता बहुत जोरों से ख़र्राटे लेते थे।

मुम्बई फिल्मों, थिएटर और डांस से जुड़े कलाकारों वाली एक मशहूर जगह बनती जा रही थी। चेतन आनंद एक डायरेक्टर के तौर पर अपने कदम जमाने की कोशिश में थे, और यही बात विजय आनंद के मामले में थी। जबकि देव आनंद एक उभरते हुए युवा एक्टर थे। वे नवकेतन बैनर तले कुछ फ़िल्मों में काम भी कर चुके थे। गुरुदत्त मेरे माता–पिता के एक दोस्त भी थे और अक्सर घर आते रहते थे। वे उस समय *बाजी* फ़िल्म बना रहे थे, जिसमें देव आनंद और गीता बाली काम कर रहे थे। अम्मी से *बाजी* फ़िल्म का डांस–डायरेक्शन करने को कहा गया। मुझे याद है कि उन्हें गीता बाली और एक ग्रुप के सांग और डांस सीक्वेंस की एक शूटिंग पर ले जाया गया था। ये गीत था 'देख के अकेली, मोहे बरखा सताए रे, गालों को चूमे कभी, छींटे उड़ाए रे, टिप, टिप, टिप, टिप, टिप। सभी नर्तकियों ने पोलका डॉट वाले छाते लिए हुए थे, जिनका इस्तेमाल उन्होंने एक खास डांस मूवमेंट के लिए किया था। उन दिनों में शूटिंग का काम बहुत ही परेशान करने वाला और ख़ासा मुश्किल हुआ करता था – एयर कंडीशनिंग नहीं थी, शॉट के दौरान बड़े–बड़े पंखे चालू किए जाते थे और शूटिंग के दौरान बंद कर दिए जाते थे। 'साइलेंस' कहे जाने के बाद पूरी तरह खामोशी छा जाती थी, मेकअप मैन अपने 'पैनकेक', 'पफ़' और 'मिरर' के साथ लगातार ड्यूटी पर रहता था।

नवकेतन ने *नौ दो ग्यारह* नाम की एक फिल्म बनाई जिसका निर्देशन विजय आनंद ने किया। इसमें अम्मी से डांस–डायरेक्शन करने को कहा गया। ये वहीदा रहमान की ऐसी पहली फ़िल्म थी जिसमें उन्होंने एक खलनायिका की भूमिका निभाई। मैं फ़िल्म के सैट पर थी, और मुझे ये समझ नहीं आ रहा था कि उन्हें बड़े अजीब गुलाबी रंग की ड्रैस क्यूं पहनाई गई थी, वैसे ब्लैक एंड व्हाइट फ़िल्म में ये काफ़ी बढ़िया लगी। अम्मी ने एक और फ़िल्म में भी डांस–डायरेक्शन दिया था, जिसका नाम था *'बदनाम'*, इसमें बलराज साहनी और श्यामा ने काम किया था, इसका डायरेक्शन डी. डी. केशव ने किया था। इसके अलावा हेलेन की फ़िल्म *'फ़रार'* में भी उन्होंने डांस डायरेक्शन दिया था, जिसमें किशोर कुमार थे। अम्मी ने इस फ़िल्म में अभिनय भी किया था।

मुझे याद है कि पाली हिल में मेरे माता–पिता हमेशा हंसते और मजाक करते रहते थे। मेरे चाचा – लीलम चाचा (लीलानाथ सैगल और

किरण अपने पिता के साथ।

उनकी पत्नी कुंजबाला चाची) और नन्नू चाचा (त्रिलोकनाथ सैगल और उनकी पत्नी माधुरी चाची) कई दफ़ा हमारे घर आकर हमारे साथ रहा करते थे। तब बहुत मज़ा आता था। खूब हलचल रहती थी।

दीपावली के मौके पर हमारे घर में काफ़ी जोश और जश्न का माहौल रहता था, दोस्त यानी मेरे पिता ऐसे लैम्प बनाते थे जो गोल चीनी लालटेन जैसे दिखते थे और वे उन्हें घर की सीढ़ियों पर, उनके अंदर मोमबत्ती लगा कर रख देते थे। ये लैम्प जिस कागज से बनते थे, उसमें ग्रीस लगा दी जाती थी, इसलिए वे पारदर्शी हो जाते थे। वे इन पर बड़े

खूबसूरत डिज़ाइन बना देते थे और जब उनके अंदर मोमबत्ती जलती थी तो वे बहुत ही सुंदर लगते थे। हम बाग में आतिशबाज़ी करते थे।

41 पाली हिल से सब लोग हमारे घर आतिशबाज़ी देखने आया करते थे। मेरे पिता हर काम बहुत ही खूबसूरत ढंग से करते थे। एक तरफ़ फिरकियाँ होती थी और हर बच्चे को एक फुलझड़ी मिलती थी, अनार भी एक ख़ास आकर्षण होता था और आखिर में छोटे लाल पटाखों को एक बाल्टी या मटके में रखकर जलाया जाता था जिसके मुँह को बंद कर दिया जाता था। आग लगने पर पटाखे बहुत शोर मचाते थे। इस शोर को झेलना मुश्किल हो जाता था लेकिन फिर भी बहुत मज़ा आता था। वे छोटी काली गोलियाँ, जो जलाने पर सांप जैसी बन जाती हैं, मुझे आज भी आकर्षित करती हैं।

इसे इत्तफ़ाक कहें या सौभाग्य कि मेरे दोनों चाचाओं ने अपने समुदाय से बाहर शादियाँ की। लीलम चाचा ने एक गुजराती लड़की से शादी की, और नन्नू चाचा ने एक नेपाली से। मेरे पिता एक हिन्दू थे और उन्होंने एक मुस्लिम लड़की से शादी की। मैंने इसे सौभाग्य इसलिए कहा, क्योंकि ये तमाम शादियाँ मिली–जुली थीं, इसलिए मेरी परवरिश एक ऐसे माहौल में हुई जिसमें किसी जात–पाँत या धर्म के लिए नफ़रत नहीं थी। और न ही मेरे माता–पिता ने मुझे किसी एक को बेहतर या दूसरे को कम बेहतर समझना सिखाया।

अम्मी और मैं एक बड़े से पलंग पर सोया करते थे जिस पर सफेद चादरें और एक बड़ी सी मच्छरदानी लगी होती थी। वे हमेशा मुझसे दोपहर में सोने को कहा करती थीं और मुझे इस बात से नफ़रत थी। लेकिन आज मैं दोपहर में सोने का वक्त निकालने के लिए कुछ भी कर सकती हूँ। अम्मी बेडशीट, तकिये के कवर, बेड कवर और तौलियों को हफ़्ते में एक बार बदलने पर बहुत जोर देती थीं, मुझे याद है हमारी बेडशीट हमेशा एकदम साफ–सुथरी हुआ करती थी। मच्छरदानी के बाहर अंजीर लटकी रहती थीं ताकि हम उन्हें सुबह–सुबह खा लें। मेरे माता–पिता कहते थे 'ये पेट के लिए अच्छी होती हैं'।

और जब धोबी आता था, तो अम्मी बहुत ध्यान से हिसाब लेती थीं और मैं गंदे कपड़ों पर खूब उछलती थीं जिससे धोबी को और मेरी माँ को बहुत गुस्सा आता था। अम्मी मुझसे कहती थीं, कि उन्होंने घर संभालना शादी के बाद ही सीखा है, उससे पहले उन्हें ये काम नहीं आता था। उन्हें इस बात पर बड़ा नाज़ है, कि उनके पास हमेशा काम करने के लिए

अपने बेटे पवन के सिर पर पगड़ी बांधते हुए ज़ोहरा, कमलेश्वर सैगल का लिया हुआ फ़ोटो।

नौकर–चाकर होते थे। घर के काम में उनकी दिलचस्पी जगाने के लिए मेरे पिता ने उनके लिए एक धोबी बुक बनाई जिसके हाशिये में उन्होंने छोटे–छोटे कपड़े बना दिए थे।

मुझे याद है गोवा का एक कुक, लुइस उन्हें रसोई में खर्च होने वाली चीजों का रोजमर्रा का हिसाब दिया करता था, वो खाकी निकर पहनता था और छोटी बाजू वाली एक बनियान भी, जो सफेद कभी नजर नहीं आती थी। वो हर शाम जो कुछ भी बताता था, मेरी माँ उसे लिखती जाती थी, चीजें चाहे जो भी खरीदी गई हों। फिर इन दोनों का टोटल एक साथ होना जरूरी था, और अगर टोटल न मिलता तो थोड़ी सी झिकझिक होती थी। लुइस हमेशा अगले दिन के मैन्यू के बारे में पूछता और मैं अपनी पसंद की चीजें बताया करती। लुइस एक पतला–दुबला सा इंसान था लेकिन बहुत मिलनसार था। वो बहुत ही शानदार बैंगन का भरता बनाता था, जिसमें वो जलते हुए कोयलों पर लहसुन का भगार डालता था। उन दिनों मिक्सी वगैरह नहीं होती थी, इसलिए मसाला सिलबट्टे पर पीसा जाता था। मुझे लुइस को मसाला पीसते देखना बहुत अच्छा लगता था।

मध्य प्रदेश में अपनी ननद और उनके परिवार के साथ।

मेरी माँ को मेरा किचन में जाना और नौकरों के साथ बात करना अच्छा नहीं लगता था। वो हमेशा कहा करती थीं – बेटे, नौकरों में मत बैठा करो, ये अच्छी आदत नहीं है।

हालाँकि उन्हें खाना पकाना और घर के दूसरे काम करना अच्छा नहीं लगता था, लेकिन सिलाई में वो बहुत माहिर थीं, वो सिलाई करते वक्त अपनी बीच वाली उंगली पर एक थिम्बल लगाती थीं।

एक दिन हम पाली हिल के अपने बेडरूम में बैठे थे, अम्मी केसरिया रंग का कोई कपड़ा सिल रही थीं, और ये कपड़ा चमकदार था। जैसे ही मैं कमरे में पहुँची, उन्होंने इसे अपने पीछे छिपा लिया जिससे मुझे बड़ा गुस्सा आया। मेरी उत्सुकता और बढ़ गई, मैं उनसे कहती रही, कि इस चीज को मुझे दिखाओ, लेकिन उन्होंने मेरी एक न सुनी। इस दौरान वो लगातार मुस्कुरा रही थीं, तो मुझे ये लगा कि ये शानदार चीज शायद मेरे लिए ही थी। बाद में जब अपने बर्थडे वाले दिन मैंने इसे देखा, तो मैं मेरे गरारे और कुरते के केसरिया रंग, उसकी जरी और गोटे की खूबसूरती को देखकर हैरान रह गई। मैं आज भी उस केसरिया रंग को भूल नहीं पाती।

मेरे लिए जन्मदिन बहुत मस्ती का समय हुआ करता था। अम्मी और दोस्त हमेशा बहुत से लोगों को न्यौता देते थे। मेरे जन्मदिन पर खूब रौनक रहती थी, खूब लोग आते थे, ढेर से तोहफ़े आते थे, और मैं व मेरे दोस्त पूरे घर में धमा–चौकड़ी मचाते रहते थे। मुझे अपने जन्मदिन

पर जिस काम में सबसे ज्यादा मज़ा आता था, वो था उपहार के ऊपर से रैपर को फाड़ना।

मेरा बचपन बहुत ही भारतीय अंदाज में बीता, क्योंकि हम सिर्फ कॉटन पहनते थे, कोई दूसरा आर्टिफिशियल कपड़ा नहीं। मेरे माता–पिता और उनके दोस्त वैस्टर्न कपड़े नहीं पहनते थे। बशर्ते वो एंग्लो इंडियन या इंडियन क्रिश्चियन हों। हम आमतौर पर अपनी मातृभाषा में ही बात करते थे, हालाँकि मेरी पढ़ाई का मीडियम इंग्लिश था। मेरे माता–पिता और रिश्तेदारों ने भारत को आज़ादी पाने के लिए संघर्ष करते देखा। वो गांधी जी, जवाहर लाल नेहरू, सरोजिनी नायडू, डॉक्टर राजेन्द्र प्रसाद और ऐसे ही अन्य लोगों को आदर्श मानते थे जिनके नेतृत्व में भारत ने अपनी आज़ादी पाई थी। मेरी कॉटन से बनी स्कूल यूनिफॉर्म के अलावा मैं घाघरा चोली, सलवार कमीज, चूड़ीदार कुरता या गरारा कुरता पहना करती थी। हम वैस्टर्न पोशाकें नहीं पहनते थे, हाँ, मेरे पिता जब कभी बाहर जाते तो वो कभी–कभी पैंट और बुश्शर्ट पहन लेते थे। मुझे याद है कि मेरे पिता कुरता–पायजामा पहनते थे और माँ कॉटन की साड़ियाँ पहनती थीं।

अजीब बात ये है कि इस सब के बावजूद मुझे सेंट जोसेफ़ कॉन्वैंट स्कूल में भेजा था। स्कूल की मेरी ज्यादातर सहेलियाँ फ़्रॉक, स्कर्ट और ब्लाउज़ पहनती थीं। (वो भारतीय पोशाकें भी पहनती थीं।) उनकी ड्रैस मुझे आकर्षित करती थीं। फिर एक दिन मैंने अपने बर्थडे के लिए एक ड्रैस लेने का फैसला किया। अम्मी मेरे बर्थडे से पहले हमेशा मुझसे पूछती थीं कि मैं तोहफ़े के तौर पर क्या लेना चाहूँगी, इस बार मैंने कहा – एक ड्रैस। वो बहुत निराश हो गईं और उन्होंने अपनी पूरी कोशिश की, मैं अपनी पसंद बदल दूं। उन्होंने तो मेरी मौसी उज़रा से भी कहा कि वो मुझे मेरा फैसला बदलने के लिए तैयार करें, लेकिन मैं उस ड्रैस को लेने पर अड़ी थी, जिसका रंग सफ़ेद होना चाहिए था और उस पर हल्के–नीले रंग का लता होना भी ज़रूरी था। तो दर्जी को बुलाया गया, टफ़ेटा कपड़े की ये ड्रैस बनाई गई और मैंने इसे अपने जन्मदिन पर पहना।

हालाँकि अम्मी मेरी कुछ बातों को अपनी अनुमति नहीं देती थीं, लेकिन उन्होंने ऐसे कामों को करने से रोका मुझे कभी नहीं।

मेरे पिता पाली हिल में पेंटिंग बनाया करते थे जिनका इस्तेमाल चेतन आनंद की फ़िल्म *नीचा नगर* में किया गया, और इस फ़िल्म में उन्होंने आर्ट डायरेक्शन भी किया। जब मैंने हाल ही में ये फ़िल्म देखी तो मुझे

बहुत मजा आया, हालाँकि अपने दौर में इस फ़िल्म को एक फ़्लॉप माना गया था। अब भारतीय सिनेमा में इसे एक क्लासिक माना जाता है। मेरे माता–पिता, दोनों ने ही इस फ़िल्म में भूमिकाएं निभाई थीं, लेकिन मेरी माँ की भूमिका महत्त्वपूर्ण थी, और उसे उन्होंने बहुत अच्छे ढंग से किया भी था। मेरे पिता फ़िल्म में लोगों की भीड़ में, एक सिगार पीते यहाँ–वहाँ नजर आए थे।

जब हम कार्टर रोड गए, तो शायद उन्होंने पेंटिंग करनी बंद कर दी थी। उन्हें कभी–कभार काम मिल जाया करता था, लेकिन घर का खर्च मेरी माँ ही चलाती थीं, पृथ्वी थिएटर्स की उनकी नौकरी से ही घर चलता था। वो अपनी पूरी ज़िन्दगी बहुत मेहनत से काम करती रही थीं।

कभी मेरे पिता काफ़ी पैसा कमाया करते थे, और उन्होंने माँ को तोहफ़े के तौर पर एक गोदरेज रेफ़्रिजरेटर दिया था जिसे पाली हिल में डाइनिंग रूम के एक कोने में रखा गया था। ये वही डाइनिंग रूम था जिसमें नाश्ते के दौरान एक कोबरा साँप आ गया था। हमारे घर की एक साइड में एक जंगल था और कोबरा किसी एक खिड़की में से दाखिल हो गया था। इसे देखकर मेरी माँ चिल्लाई, 'हाय मेरी बच्ची' मैं फ़ौरन अपनी कुर्सी पर खड़ी हो गई। उनकी बांहें मेरी तरफ़ फैली हुई थीं। मेरे पिता बोले, 'कोई नहीं हिलेगा' हम जहाँ थे वहीं जैसे जम से गए। कमरा अजीब से डर और खामोशी से भरा था कि तभी कोबरा ने मेरे पिता की कुर्सी का चक्कर काटा, जैसे कि परिक्रमा कर रहा हो। ये अपनी पूंछ के बल खड़ा हो गया, और किसी लम्बी, काली रस्सी जैसा नजर आने लगा। फिर कोबरा खिड़की में से बाहर चला गया। ये तस्वीर मेरी याद्दाश्त में हमेशा के लिए दर्ज़ हो गई।

इस दौर में मैं बैंड्रा के सेंट जोसेफ़ कॉन्वैंट में पढ़ रही थी। मेरे माता–पिता पढ़ाई को लेकर मुझ पर कभी दबाव नहीं डालते थे, वे इसी बात से खुश थे कि मैं फ़ेल नहीं होती थी। उन्हें इस बात की ज्यादा खुशी थी कि मैं अपने हाउस 'टैनीसन' की कैप्टन थी और कंट्री डांसिंग (ये एक कॉन्वैंट स्कूल था) और स्पोर्ट्स में बहुत ही अच्छी थी।

एक बार अम्मी थिएटर के साथ टूर पर थी, क्योंकि मेरे स्कूल में छुट्टी नहीं थी, इसलिए मैं उनके साथ नहीं जा पाई। तो मैं पाली हिल में अपने पिता, पान चबाती रहने वाली आया ईटा बाई, लुइस और जॉन के साथ थी। उन्हें ही मेरा ध्यान रखना था। मेरे बाल खूब घने थे, बिल्कुल किसी घोड़े की पूँछ जैसे। इनकी देखभाल करना बहुत मुश्किल था और

अपने ससुराल वालों के साथ एक पिकनिक पर, अपने जेठ लीलानाथ सैगल के साथ भावनात्मक पलों के दौरान।

मैं अपनी माँ के अलावा और किसी को अपने बाल छूने नहीं देती थी। उनके हाथ तब भी और अब भी बहुत नर्म हैं। अम्मी जब तक टूर पर रहती थीं, मेरे बालों का हाल बुरा रहता था। वे खुद बड़ी साफ़–सुथरी रहा करती थीं, ऐसे में मेरा हाल देखकर उन्हें बहुत सदमा लगता था। हैरत की बात ये है कि उन्होंने मुझसे कभी इस बारे में एक शब्द नहीं कहा। बस वे मुझे ये समझाती थीं कि मुझे फिर कभी ऐसा नहीं होने देना चाहिए। वे बड़ी तसल्ली से बैठकर मेरे बालों को ब्रश करतीं, कंघी करतीं और उन्हें सुलझातीं ताकि मैं फिर से 'नॉर्मल' नज़र आऊँ।

पृथ्वी थिएटर्स के साथ एक और टूर के दौरान हम बेलगाम में परफ़ॉर्म कर रहे थे कि इसी दौरान मेरे बालों में जुएं पड़ गईं। अम्मी इस बात से इतनी डर गई थीं कि वे मुझे दिन में एक ऐसे इलाके में लम्बी सैर पर ले जाती थीं जहाँ लाल पत्थर या ईंटें होती थीं और वहाँ चुपचाप बैठकर मेरे बालों से जुओं के अंडों को निकालती थीं। उस दौर में न तो लाइसिल होता था और न ही मैडिकेयर। संयोग से मेरे साथ 'स्नूकम्स' (एक कार्टून किरदार) भी खेला करती थीं ताकि मेरा मन बहलता रहे। अंदाज़ा लगाइये कि 'स्नूकम्स' कौन होता था... मैं तो हरगिज़ नहीं।

41 पाली हिल, बैंड्रा के मकान मालिक मिस्टर और मिसेज़ कॉर्क ने अपने दो बेटों एलन और नोल तथा मिसेज़ कॉर्क के कई कुत्तों के साथ ऑस्ट्रेलिया जाने का फ़ैसला किया। पता नहीं ये कुत्ते ऑस्ट्रेलिया

पहुँचे या नहीं, लेकिन कॉर्क परिवार यकीनन पहुँच गया। तो जिस 41 पाली हिल में मेरे बचपन के सबसे खुशगवार पल बीते थे, वो बिक गया। इसका नया मालिक एक हाई राइज बिल्डिंग बनाने में दिलचस्पी रखता था, मैं हाल ही में मुम्बई गई थी और मैं ये देखने गई कि 41 पाली हिल अब कैसा नजर आता था। मुझे बड़ा सदमा लगा। उस खूबसूरत घर की जगह एक घटिया सी दिखने वाली इमारत बन चुकी थी और हमारे बाग का सिर्फ एक हिस्सा ही अब शेष था। पैसे के लिहाज़ से, क्योंकि हम अपने नए मकान मालिक के लिए कोई खास अहमियत नहीं रखते थे, तो उसने हमें हुक्म देने के अंदाज में ये गुज़ारिश की, कि वहाँ रह रहे सभी परिवार मुम्बई में कहीं और रहने की जगह ढूंढ़ लें। आनंद ब्रदर्स (चेतन अंकल, देव अंकल और गोल्डी अंकल) अपने–अपने परिवारों के साथ जुहू चले गए, सावित्री कोहली 41 पाली हिल में अपने बच्चों के साथ रहती रहीं और कुछ साल बाद जुहू चली गईं, मेरे माता–पिता, पवन और मैं पहले पैरी रोड के एक छोटे से फ़्लैट में और फिर कार्टर रोड पर, समुद्र के नजदीक एक बड़े फ़्लैट में रहने चले गए।

मेरे बचपन के दोस्त, मुन्नी और बाबा (अरुणा–अब वे श्रीमती परीक्षित साहनी हैं और उनके भाई यश कोहली) 41 पाली हिल में ही रहते रहे। वे पहाड़ी के ऊपर रहते थे और मैं अरब सागर के नज़दीक। फिर भी हम अक्सर एक–दूसरे से मिलते रहते थे। एक दोपहर जब मैं घर पर सिर्फ कुक और आया के साथ थी, तो अचानक मुन्नी और बाबा वहाँ आ गए। मुझसे मिलकर वे बहुत खुश हुए और उन्होंने मुझसे बैंड्रा टॉकीज़ में एक हिन्दी फ़िल्म देखने चलने के लिए कहा, जो बैंड्रा रेलवे स्टेशन के नजदीक था। शुरू में तो मैंने मना किया कि माँ अभी थिएटर से नहीं लौटीं और अगर मैंने अम्मी से बिना पूछे कुछ किया तो वे बहुत नाराज़ हो जाएँगी। उस दिन दोस्त भी घर पर नहीं थे। मुन्नी और बाबा मेरे किसी भी बहाने को सुनने के लिए तैयार नहीं थे और काफ़ी देर तक उनके मनाने के बाद मैं उनके साथ जाने को राजी हुई। जब हम बैस्ट की बस से उतरे और सड़क पार की, तो मुझे बस की कतार में अपनी माँ खड़ी नजर आईं। मेरा तो खून सूख गया। मैं रंगे हाथ पकड़ी गई। उन्होंने मुझे देखा और जोर से चिल्लाईं, 'कहाँ जा रही हो, चलो घर मेरे साथ'। ये कह कर उन्होंने बस की लाइन में मुझे भी खींच लिया। मैं कतार में उनके पीछे खड़ी हो गई। मुन्नी और बाबा तो सन्न रह गए, और मैं सदमे में थी, मेरी फ़िल्म जो छूट रही थी। कुछ सेकेंड में ही बस आ गई और

सब लोग उसमें चढ़ने लगे। जब मेरी माँ बस में चढ़ गई, तो कंडक्टर ने मुझे बस में चढ़ने से रोक दिया। मेरा मन बहुत खुश हो गया, लेकिन अम्मी ने कंडक्टर से कहा, 'अरे ये तो मेरी बच्ची है' तब कंडक्टर ने मुझे बस में चढ़ने का इशारा किया। पर मैंने यूँ जताया जैसे मुझे उसकी बात समझ ही न आई हो, और मैं सड़क पर खड़ी रही, जबकि बैस्ट की बस मेरी नाराज़ माँ को घर ले गई।

मुन्नी, बाबा और मैंने टिकट खरीदे और हमने फ़िल्म देखी। हम खुद को आज़ाद और बड़ा महसूस कर रहे थे और सोच रहे थे कि हम 'सीना तान के' घर लौटेंगे। लेकिन घर वापिस आने की कहानी एकदम अलग है। दरवाज़े में दाखिल होने के बाद मैं डर के मारे काँपने लगी और इससे पहले कि मेरी माँ मुझे देख पाती, मैं बैडरूम में जाकर रजाई में दुबक गई। और फिर वह डरावना पल आ गया। मेरी माँ ने मुझे ढूंढ़ लिया, उन्होंने पलंग के पास एक कुर्सी खींची जहाँ मैं रज़ाई में दुबकी हुई थी, और फिर वे मुझ पर चिल्लाने लगीं। क्या वे नाराज़ थीं या फिर परेशान और गुस्से में थीं? मुझे आज भी उनके कुछ जुमले याद हैं: 'अगर बड़ों की बात नहीं सुनोगी तो बर्बाद हो जाओगी। माँ–बाप की बात नहीं मानोगी तो बिगड़ जाओगी।' उन्होंने और भी न जाने क्या–क्या कहा। मैं रज़ाई में दुबकी ये सोचती रही कि आख़िर 'बिगड़ने' का मतलब क्या होता है? उनके हर वाक्य के बाद मुझे ये लगता कि अब वे मुझे मारेंगी, अब मेरी पिटाई होगी। लेकिन खुशकिस्मती से ऐसा कुछ हुआ नहीं। अम्मी ने मुझे आज तक कभी नहीं मारा है।

बैंड्रा के हमारे कार्टर रोड वाले घर में दो बैडरूम और बाथरूम, एक छोटा सा डाइनिंग एरिया, एक किचन और एक गैराज़ था। मेरे माता–पिता ने इसे पृथ्वी थिएटर के एक एक्टर मनसा राम को किराये पर दे दिया था। इसका सर्वेन्ट क्वार्टर्स समुद्र के एकदम नज़दीक था। सड़क पार करके समुद्र में उतरा जा सकता था, मैं हाल ही में मुम्बई गई तो कार्टर रोड भी गई ताकि पुराने दौर की याद ताजा कर सकूं। मैं ये देखकर सहम गई कि अब मेरे पुराने घर के दरवाजे के सामने समुद्र नहीं था। अब तो वहाँ बहुत सारी कारें खड़ी थीं, जॉगर्स पार्क था। अरब सागर के पानी को अब ढूंढ़ना पड़ता था। इस घर का इस्तेमाल '*दिल चाहता है*' फ़िल्म की शूटिंग के लिए किया गया था।

मौत से रूबरू

शायद मेरे माता–पिता के बीच एक दिन पहले कुछ कहासुनी हुई थी और शाम को अम्मी और मैं एक नाटक देखने गए। जब हम वापिस लौटे तो मेरे पिता का कमरा बंद था, हमने दस्तक दी लेकिन कोई जवाब नहीं मिला। वे अक्सर खुद को कई–कई दिन तक कमरे में बंद करके तंत्र का अभ्यास किया करते थे, तो हमें इस सबकी आदत थी। लेकिन इस बार काफ़ी देर तक दस्तक देने पर भी दरवाजा नहीं खुला। मैं दुबली–पतली थी तो मेरी माँ ने मुझसे बाथरूम की थोड़ी सी खुली खिड़की में हाथ डालकर बाथरूम का दरवाजा खोलने को कहा, मुझसे जैसा कहा गया था? मैंने वैसा ही किया और अंदर ये देखने गई कि आखिर माजरा क्या था। मुझे देखकर हैरानी हुई कि मेरे पिता अपने पलंग पर पेट के बल लेटे गहरी नींद में थे, या मुझे ऐसा लग रहा था। जल्दी ही माँ भी अंदर आ गईं, वे समझ गईं कि क्या हुआ था। मेरे पिता ने ढेर सी नींद की गोलियाँ खा ली थीं।

मैंने इससे पहले कभी मौत का सामना नहीं किया था और मुझे कुछ समझ में नहीं आ रहा था। बस मैं ये जानती थी कि मैंने अपनी ज़िन्दगी में बहुत जल्दी, अपना कोई बहुत ही करीबी खो दिया था। मैं खुद को बहुत खाली–खाली और निराश महसूस कर रही थी, और अगले कुछ दिन में घर में जो विलाप चलता रहा, उसने मुझे बहुत परेशान किया। मेरी माँ अपने जज़्बात पर बहुत काबू रखा करती थीं लेकिन वे अक्सर

सामने का पृष्ठः
1982 में क्राउन में एक युनाईटेड किंगडम पर आधारित एक टी वी धारावाहिक में एक कड़क महिला 'लिलि चटर्जी' का किरदार निभाते हुए।

बहुत जोरों से रोने लग जाती थीं और उनके आँसू बहने लगते थे। मैंने उन्हें फिर कभी इस तरह रोते नहीं देखा। मैं चुपचाप दरवाजों के पीछे खड़ी रहती थी और ख़ामोशी से ये सब देखती रहती थी। इस वक्त ये लाइनें लिखते हुए भी मैं अपने आँसू रोक नहीं पा रही हूँ। पापा जी और पृथ्वी थिएटर्स के सारे लोग अम्मी को ढाढ़स बंधाने के लिए आए, लेकिन इससे भला क्या होने वाला था! पापाजी की मौजूदगी मेरी माँ के लिए एक बड़ा सहारा थी, क्योंकि उन्हें पापाजी के साथ पुलिस स्टेशन में बयान दर्ज़ कराने के लिए जाना पड़ा। मेरे पिता मरने से पहले एक नोट छोड़ गए थे, वरना मेरी माँ इस मामले में फंस सकती थी। मुझे याद है एक बार मेरी मौसी उजरा ने एक दरवाजे के पीछे मुझे खड़े देखकर तंज कसा था, *'इसको देखो, इसको तो कुछ हुआ ही नहीं है, एक आंसू नहीं है इसकी आँख में'।*

12 मई, 1959 के उस मनहूस दिन के बाद हमारी ज़िन्दगी पूरी तरह बदल गई। मेरा छोटा भाई अब भी काफी छोटा था और सिर्फ 8 दिन बाद उसका जन्मदिन था। वो हमसे पूछता रहा, *'दोस्त कब आएंगे ?'* ऐसे में मेरी माँ को अपने आँसू छिपा कर ये जताना पड़ता था कि जैसे मेरे पिताजी आने वाले थे। पवन को और मुझे मेरी माँ की एक कज़िन (डॉक्टर हमीदा सैदुज़्ज़ाफ़र, डायरेक्टर, गांधी आई हॉस्पिटल, अलीगढ़) के साथ भेज दिया गया जिन्होंने कुछ साल तक हमारी देखभाल की। इस बीच उन्होंने मुम्बई में अपना सामान बांधा और दिल्ली आ गईं।

अम्मी ने सन् 1959 में पृथ्वी थिएटर्स से इस्तीफ़ा दे दिया। फिर उन्होंने पंडित जी और कमला देवी चट्टोपाध्याय को चिट्ठी लिखकर नौकरी देने का अनुरोध किया। दिल्ली पहुँचने पर अम्मी अपने एक पुराने दोस्त रंजीत राय से मिलीं। हम उन्हें 'बापू' कहते थे और उनकी प्यारी सी पत्नी कमला को 'अम्मा'। वे बंटवारे से पहले लाहौर में मेरे माता–पिता के दोस्त थे। रंजीत राय तो डांस सीखने के लिए अल्मोड़ा भी आए थे। उनका 3 पृथ्वीराज रोड पर आज भी एक खूबसूरत बंगला है, और तब भी हुआ करता था। बदकिस्मती से बापू अब इस दुनिया में नहीं हैं। लेकिन अम्मा के साथ रहकर उनकी कमी ज्यादा खलती नहीं है। उनकी मुस्कान बहुत ही ख़ूबसूरत है।

कमला देवी ने अक्टूबर – नवम्बर, 1959 में दिल्ली नाट्य संघ के अधीन दिल्ली नाट्य अकेडमी फॉर डांस एंड ड्रामा की प्रिंसिपल का पद मेरी माँ को दे दिया। फिर वे जाने–माने थिएटर डायरेक्टर इब्राहिम

1960, दिल्ली में 'बेगम जैदी'ज हिन्दुस्तानी थियेटर में डांस क्लास लेती ज़ोहरा, उनके पीछे किरन भी हैं (पहली लाईन में बायीं तरफ सफेद साड़ी में)।

अल्काज़ी से एक तरह का क्रैश कोर्स लेने के लिए एक महीने के लिए मुम्बई चली गईं। उन्होंने मुम्बई में इस दौरान बॉम्बे नाट्य संघ के डायरेक्टर हरबर्ट मार्शल की क्लासेज़ भी अटेंड की। अम्मी को लगता है कि वे तब उज़रा के यहाँ रुकी थीं जो तब मरीन ड्राइव, चर्च गेट पर अपने पति के साथ सूना महल में रहा करती थीं। सरकार द्वारा भारत में बनाए गए रबीन्द्र भवनों के बारे में हरबर्ट मार्शल अक्सर कहते थे –

ये ऐसे ही है जैसे घोड़े के आगे गाड़ी जोत दी जाए, क्योंकि थिएटरों में दिखाने के लिए कोई थिएटर एक्टिविटी है ही नहीं। दिल्ली लौटने पर वे अपनी बड़ी बहन और जीजा के साथ 136 नॉर्थ एवेन्यू में रहीं। ये दोनों ही पक्के कम्युनिस्ट थे और वे लोक सभा के एक सदस्य थे, इसीलिए नॉर्थ एवेन्यू में रहा करते थे।

दिल्ली नाट्य अकादमी की शुरुआत 3 फ़रवरी, 1960 को हुई, यात्रिक से प्रसिद्ध हुए जॉय माइकल इसकी वाइस प्रिंसिपल थीं, मशहूर फिल्म एक्ट्रेस सुषमा सेठ (माथुर) मूवमेंट टीचर थीं और जाने–माने गायक स्वर्गीय पंडित अमरनाथ वहाँ म्यूज़िक टीचर थे। मुझे याद है हमारी क्लासेज़ 34 शंकर मार्केट में हुआ करती थीं। यामिनी कृष्णमूर्ति एक युवा और सुन्दर डांसर थीं, वे और उनके पिता हमें कुचिपुड़ी और/या भरतनाट्यम में लैक्चर/डिमॉन्स्ट्रेशन देने के लिए शंकर मार्केट में आते थे। अम्मी डांस सिखाने के लिए मिरांडा हाउस, हिन्दू कॉलेज और इन्द्रप्रस्थ कॉलेज जैसे अलग–अलग कॉलेजों में जाया करती थीं। उस समय कृष्ण खन्ना के पिता दिल्ली पब्लिक स्कूल, मथुरा रोड के प्रिंसिपल थे। उन्होंने अपने स्कूल में डांस क्लासेज़ लेने के लिए अम्मी को बुलाया। बेगम ज़ैदी दिल्ली नाट्य संघ की प्रैसीडैंट थीं और दिल्ली में हिन्दुस्तानी थिएटर की मालकिन थीं। उन्होंने भी थिएटर के एक्टरों को मूवमैंट क्लासेज़ देने के लिए अनुरोध किया। हबीब तनवीर इस थिएटर के एक जाने–माने डायरेक्टर और संस्थापक थे।

दिल्ली नाट्य अकादमी की वाईस प्रिंसिपल, जॉय माइकेल।

मैं अम्मी के साथ उनकी ज्यादातर क्लासेज़ में जाया करती थी, और उनकी कोरियोग्राफ़ी पर परफ़ॉर्म भी करती थी। मिसाल के लिए, सरोजिनी नायडू की कविता – आई कैरीड माई कर्ड्स टु द मथुरा फेयर... इस कविता पर मैंने डांस

दिल्ली में 'मूवमेंट क्लास' लेते हुए ज़ोहरा।

किया था। अम्मी अक्सर ही कविताओं को अपने डांस में अभिव्यक्त करती थीं। एक कविता का नाम था – "द बर्ड कैचर", इस पर जैफ़री फ़िलिप्स या "कामदेव और मैं" इंग्लैंड में अपनी माँ के लैक्चर – डिमांस्ट्रेशन के दौरान परफ़ॉर्म करते थे। श्रोता इसे बहुत पसंद करते थे।

लंदन की ज़िन्दगी

मेरे पिता की मृत्यु के तीन साल बाद अम्मी लंदन चली गई। वे 18 अप्रैल, 1962 को फिट्स्रॉय स्क्वएर के ब्रिटिश ड्रामा लीग में दस हफ़्तों का रिफ़्रेशर कोर्स करने के लिए लंदन आई थी। उन्होंने याद करके बताया था कि डार्टिंग्टन हॉल के रहने वाले मिस्टर एल्महर्सट ने फिट्स्रॉय स्क्वाएर के नैशनल वैस्टमिंस्टर बैंक में एक हज़ार पाउंड उनके नाम से जमा करवाये थे। वहाँ लगभग हर कॉमनवैल्थ देशों के स्टूडेंट थे जिनमें से कुछ अम्मी से बूढ़े थे, कुछ जवान थे। अम्मी के साथ कुँवर सिन्हा (मुम्बई के जाने माने डॉक्युमेंट्री फ़िल्ममेकर) भी इस कोर्स को कर रहे थे। अम्मी ने बताया था कि लंदन में उन दस हफ़्तों में उन्हें बिल्कुल मज़ा नहीं आया। वो वहाँ एक 18 साल के युवा की तरह संकोची बन कर रहीं और पूरे कोर्स के दौरान एक स्टूडैंट हॉस्टल में रहीं।

अम्मी रूस से होकर लंदन पहुँची थी, जहाँ वे भारतीय डांस और थिएटर के बारे में एक लैक्चर टूर पर गई थीं। इसी दौरान चीन ने भारत पर हमला कर दिया। अम्मी बहुत घबरा गईं और उन्होंने झटपट मेरे छोटे भाई पवन को और मुझे लंदन बुलवा भेजा। पासपोर्ट और वीजा वगैरह को लेकर कोई दिक्कत नहीं हुई, क्योंकि मेरे मौसा डॉक्टर जैड. ए. अहमद लखनऊ विधानसभा में एक एम.एल.ए. थे। हमलोगों को एयर इंडिया की लंदन वाली फ़्लाइट में बिठा दिया गया और पवन सारे रास्ते उल्टियाँ करता गया।

सामने का पृष्ठः
1965 लंदन के हैम्पस्टिड में अपने बच्चों किरण और पवन के साथ ज़ोहरा (पृथ्वी–राज कपूर का लिया हुआ फोटो)।

1962, ट्रफेल्गर स्क्वायर में डॉक्युमेन्ट्री फिल्ममेकर कुँवर सिन्हा के साथ।

लंदन में पहुँचना किसी सदमे से कम नहीं था। हमने भारत में फ़िल्मों में उसे जैसा देखा था, वो वैसा नहीं था। असलियत में लंदन बहुत ही नीरस और बेनूर था। मैं वहाँ बहुत नाखुश थी। साथ ही मेरे लेडी श्रीराम कॉलेज के सारे दोस्त भी छूट गए थे। अम्मी ने केन्ज़िंग्टन में हाई स्ट्रीट के एबिंगडन रोड पर टॉप फ़्लोर पर एक छोटा सा फ़्लैट किराये पर लिया था। इसमें दो बैडरूम थे, एक छोटा सा किचन था, और परछत्ती में उससे भी छोटा बाथरूम था, जो लगातार ठंड से जमा ही रहता था।

आज जब मैं इसके बारे में सोचती हूं तो काँप जाती हूँ। घर में कोई नौकर नहीं था, घर का सारा काम हमें ही करना पड़ता था। तब मेरी माँ खाना नहीं पका पाती थीं। उस वक्त वो बस अंदाजे से ही खाना बनाती थीं, उनके पास और कोई रास्ता भी नहीं था, क्योंकि अब उन्हें अपने दो बच्चों की परवरिश की जिम्मेदारी संभालनी पड़ रही थी। एक दिन उन्होंने चपातियाँ बनाने का फैसला किया और मैंने उन्हें किचन में जूझते हुए देखा। उनकी इस मुश्किल को मैं और नहीं देख पा रही थी तो मैंने मदद का प्रस्ताव रखा और चपातियाँ खुद ही बना ली।

उन्होंने कहा – मुझे नहीं मालूम था कि तुम चपातियाँ भी बना सकती हो। तुमने ये बात एक राज क्यों रखी? इस पर मैंने जवाब दिया – अगर

मैं आपको बता देती, तो आप चपातियाँ बनाने की जिम्मेदारी मुझ पर ही थोप देतीं। धीरे–धीरे उन्होंने बहुत अच्छा खाना बनाना सीख लिया, बस वो खाने में तेल बहुत डालती हैं।

लंदन में हमारे यहाँ लंच या डिनर पर कोई न कोई आता ही रहता था, और हर बार अम्मी डिनर टेबल पर बहुत ही शानदार खाना पेश करती थीं। वो अकेले ही 10 से 15 लोगों के लिए लंच या डिनर बना लेती थीं। अब अम्मी खाना नहीं पकाती हैं और घर में जो खाना बनता है, वो उन्हें पसंद नहीं आता। खाना उन्हें कामचलाऊ और बोरिंग लगता है। लेकिन जब वे अकेली होती हैं, जब मैं किसी टूर पर गई होती हूँ तो वो बहुत लज़ीज़ खाना बनाती हैं या फिर बाहर से ऑर्डर कर देती हैं। उन्हें खूब मिर्चें खाना भी अच्छा लगता था। डॉक्टर ने हालाँकि उन्हें मिर्च कम खाने को कहा था, लेकिन उनका कहना है कि डॉक्टर को क्या मालूम, मिर्च मेरे हाजमे के लिए बढ़िया है। मुझे अपना सिस्टम साफ़ रखना होता है। आपको सुन कर अजीब लगेगा, मगर हरी मिर्चें शायद उनकी सबसे अच्छी दोस्त हैं। अगर उन्हें हरी मिर्चें अकेली सी लगती हैं, तो उनका साथ देने के लिए लाल मिर्चें भी साथ रख ली जाती हैं। लेकिन अप्रैल, 2005 में केरल से लौटने के बाद से वो अपनी दाल में नारियल के तेल में बनाया गया तड़का लगाती हैं और उनका सिस्टम ठीक है। वो इसकी वजह नारियल का तेल बताती हैं।

बाएँ से दाएँ: लंदन में किरण के दोस्त जीन स्टीयर, डॉक्टर हमीदा सैदुज़्ज़ाफ़र; ज़ोहरा के छोटे भाई इकराम; ज़ोहरा और बेटा पवन।

1960, लंदन में ज़ोहरा किरण और पवन, पृथ्वीराज कपूर के साथ।

लेकिन अगर मैं फिर एबिंगडन रोड की अपनी ज़िन्दगी की तरफ़ लौटूं, तो कहना चाहूँगी कि हमारे लिए हालात तब काफ़ी मुश्किल थे। हमारी मकान मालकिन एक भारतीय ईसाई थी, जिनका नाम था मिसेज रोच। उनकी बेटी बहुत ख़ूबसूरत थीं और वो मेरे मामू की सैक्रेटरी के तौर पर भी काम कर चुकी थी। हमारे घर में तब तक टेलीविजन नहीं था। मिसेज़ रोच के यहाँ एक ब्लैक एंड व्हाइट टीवी था और वो पूरे दिन उसके सामने एक रजाई ओढ़ कर, और पैराफ़ीन हीटर लेकर बैठी रहती थी जिसके ऊपर एक केतली में गर्म पानी होता था, जो लगातार उबलता रहता था। मुझे ये अंदाजा नहीं है कि वो उस पानी से क्या करती थी। उससे चाय बनाती थीं, उसे हॉट वॉटर बॉटल में इस्तेमाल करती थीं या उन्हें भाप की सरसराहट वाली आवाज़ में मजा आता था।

पवन को टेलीविजन देखने में मजा आने लगा था और वो मिसेज रोच की इजाज़त लेकर उनके ड्रॉइंग रूम के थोड़े से खुले दरवाजें में से अंदर खिसक जाता था, क्योंकि वो दुबला–पतला और छोटा सा था, और बस फिर टेलीविजन देखता रहता था। अगर बहुत ज्यादा ठंड होती, तो मिसेज रोच कभी–कभी बुनी हुई एक टोपी पहन लेती थी जिसमें से उनके सफेद और घुंघराले बाल बाहर निकले होते थे। उनका रंग सांवला था और उनकी बड़ी–बड़ी गोल आँखें थीं, लगता था जैसे उनमें एक्सरे की मशीन लगी हो।

हमें इतनी मेहनत करने की आदत नहीं थी, लेकिन अम्मी ने लंदन के सिस्टम को समझने में हमारी मदद की। उन्होंने हमें बताया कि कैसे शॉपिंग की जाए, कैसे हर बार नोट गिने जाएँ और हर बार हमेशा थैंक यू कहा जाए, थैंक यू उनका पसंदीदा शब्द था। उस वक्त एक खास ब्रैंड का मक्खन मिला करता था, जिसका नाम था – एंकर बटर। वो जब भी किसी दुकान पर इसे मांगती थीं, हम हँसने लगते थे। उनका कहने का अंदाज कुछ ऐसा था कि ये शब्द 'एंक' ज्यादा लगता था, जो ब्रिटिश महसूस होता था। हमें ये भी नहीं पता था कि 'लांड्रोमैट' क्या होता है,

बाएँ से दाएँ: डेवन के डार्टमूर में एलिस बॉनर, उदय शंकर, बीटराईस, उजरा और ज़ोहरा।

1937 लंदन के हैम्पसटीड में 'ब्रायन हाउस में ज़ोहरा।

और जब अम्मी हमें इस जगह ले गईं तो हमें गंदे कपड़ों को घूमते, धुलते, निचुड़ते और सूखते देख बहुत मज़ा आया। लेकिन बाद में हम इससे बोर होने लगे। मुझे लंदन का – कॉकनी एक्सेंट समझने में बड़ी मुश्किल होती थी। लंदन में कोई भी उस तरह अंग्रेज़ी नहीं बोलता है, जिस तरह भारत के स्कूलों में सिखाई जाती है।

ये मेरी माँ की ज़िन्दगी का बहुत ही मुश्किल दौर था। उनके पास थिएटर, फ़िल्मों या टेलीविजन में कोई पक्की नौकरी नहीं थी, लेकिन उन पर दो बच्चों को बड़ा करने की ज़िम्मेदारी जरूर आ गई थी। पवन को स्कूल में दाखिला कराया गया और मैंने टॉटेनहैम कोर्ट रोड पर सेंट मार्टिन्स स्कूल ऑफ़ आर्ट में स्कैचिंग और ड्रॉइंग की इवनिंग क्लासेज़ जॉइन कर ली थी। मैं एक डफ़ल कोट, जीन्स और पोलो नैक स्वेटर पहन कर अंडरग्राउंड ट्रेन – ट्यूब में सफ़र करती थी और मेरे पास स्कैचेज वाला एक पोर्टफ़ोलियो हुआ करता था। मुझे जमीन के नीचे बड़ी घुटन होती थी, और जब ज्यादा भीड़ की वजह से ट्यूब रुक जाती थी तो मैं बहुत ज्यादा परेशान हो जाती थी। एक बार तो मैं बेहोश ही हो गई थी। जब मैं होश में आई, तो मुझे अपने चारों तरफ चिंता भरे बहुत से

ऊपरः
लंदन में किरन, पृथ्वीराज मारवाह,
पवन और कुँवर सिन्हा के साथ
(पृथ्वीराज कपूर का लिया हुआ फोटो)।

नीचेः
1967 में पवन और इकराम के साथ।

युनाईटेड किंगडम में एक अभ्यास के दौरान ज़ोहरा।

चेहरे देखकर बड़ी हैरानी हुई, लोग मुझसे पूछ रहे थे – तुम ठीक तो हो डियर?, अब तुम्हें कुछ ठीक लग रहा है? ख़र्च पूरा करने के लिए अम्मी दो–दो नौकरियाँ कर रही थीं। दिन में वो एक स्टोर में काम करती थीं और शाम को ओल्ड विक नाम के थिएटर में एक ड्रैसर की नौकरी किया करती थीं। उनके चेहरे पर कभी थकावट नहीं दिखती थी, वो हमेशा मुस्कुराती रहती थीं।

एक बार मैं उनके साथ ओल्ड विक थिएटर चली गई, और जब वहाँ मैंने अपनी माँ को एक्ट्रेसेज को ड्रैस पहनने में मदद करते देखा तो बहुत बुरा लगा। उन्हें इस तरह देखकर तो तकलीफ़ हुई ही, लेकिन मेरा अफ़सोस तब और बढ़ गया, जब मैंने उन एक्ट्रेसेज को नाममात्र के कपड़े पहने इधर से उधर दौड़ते देखा, और उन महिलाओं को इस बात का ज़रा भी मलाल नहीं था। उन्हें इस बात से फ़र्क ही नहीं पड़ रहा था कि कमरे में कोई पुरुष आ रहा है या महिला। अब आप मेरी हालत का अंदाजा लगा सकते हैं, मैं भारत से हाल ही में वहाँ गई थी, अब भी थोड़ा शर्माती थी, और मुझे इतना कुछ झेलना पड़ रहा था। मेरी माँ को अंदाजा हो गया कि मैं असहज महसूस कर रही हूँ, लेकिन उन्होंने एक शब्द नहीं कहा, और किसी सैनिक की तरह बहादुरी से अपना काम करती रहीं। इसके अलावा वो न्यूडिटी की आदी भी हो चुकी थीं, जो उन्हें ड्रैस्डन के शुरुआती दिनों में झेलना पड़ा था, जब उन्होंने – डांस पैडागॅगिक्स

फिल्म 'हेरम' की शूटिंग के
दौरान बेन किंग्सले के साथ।

अवर ओन पीपल में डाईडरे कॉस्टेलो के साथ मिसेज भंडारी का किरदार निभाते हुए।

की स्टडी की थी, यानी बच्चों को डांस सिखाने की। उन्होंने मुझे बताया कि जब सब डांस स्टूडेंट कपड़े बदल लेती थीं, तो वो अपने कोट की आड़ में कपड़े बदलती थीं, ताकि किसी को कुछ नजर न आए। इस बात से लड़कियों का खासा मनबहलाव होता होगा, लेकिन वो जानती थीं कि अम्मी भारत से थीं, तो वो उनकी इस बात को समझती होंगी। ओल्ड विक थिएटर वॉटरलू स्टेशन के नजदीक था, ये हमारे घर से काफी दूर था, लेकिन मेरी माँ हर मौसम में बड़ी हिम्मत और शालीनता के साथ अपने इस काम को निभाती रहीं। लियो मैकर्न वाले नाटक *पियरगिन्ट* को देखने के लिए मुझे स्टेज के नजदीक बॉक्स ऑफिस पर बिठाया गया था और मैं खुद को बहुत ख़ास भी महसूस कर रही थी, लेकिन मुझे नाटक का एक शब्द ही पल्ले नहीं पड़ा। ओल्ड विक में मैंने *ऑथेलो* का ड्रैस रिहर्सल भी देखा था। इसे समझना ज्यादा आसान रहा।

कुछ साल बाद हम बेल्साईज़ पार्क में लिंडहर्स्ट गार्डन्स के एक बड़े से खूबसूरत और बड़े फ़्लैट में शिफ़्ट हो गए, जो हैमस्टेड के नजदीक था। इसमें तीन बड़े कमरे एक छोटा कमरा, किचन और एक बड़ा सा बाथरूम भी था। ये फ़्लैट पहली मंज़िल पर था और हम जिस हिस्से में रहते थे, वो काफी हरा–भरा था। मुझे एक बहुत खूबसूरत कमरा मिला जिसमें एक बहुत बड़ी बे–विंडो थी, जिसे नीचे मौजूद घुमावदार सड़क नजर आती थी। तब मैं डिसप्ले एंड डिजाइन में एक डिप्लोमा कर रही थी, मेरा कमरा हमेशा बिखरा हुआ रहता था, और मुझे इस तरह रहने में मज़ा आता था। लेकिन इससे मेरी माँ को बहुत गुस्सा आता था, जो तब भी, और आज भी बेहद करीने से रहने वाली इंसान थीं। (कुछ ज्यादा ही) इस उम्र में भी उनकी हर चीज की एक ख़ास जगह होती थी और उन्हें याद रहता था कि कौन से प्लास्टिक बैग में कौन सी चीज रखी है। उनकी आदत थी कि वो हर चीज़ प्लास्टिक के छोटे–छोटे बैग्स में लपेट कर रखती थीं, और हर बैग एक–दूसरे के अंदर होता था। एक छोटी सी सेफ़्टी पिन भी ड्रॉर के किसी कोने में होती जिसे उनकी इंस्ट्रक्शंस के मुताबिक ही ढूँढ़ा जा सकता था।

कमरे में जिस तरह मेरे कपड़े, मेरा पोर्टफ़ोलियो, ब्रश, पेंसिल, कलर और रेकॉर्ड वगैरह बिखरे रहते थे, उन्हें देखकर मेरी माँ बहुत नाराज़ होती थीं। उनकी सबसे बड़ी धमकी होती थी – तुम रविवार को तब तक घर से बाहर नहीं निकल पाओगी, जब तक तुम अपना कमरा साफ़ नहीं कर लोगी। मेरा मन तो नहीं करता था, लेकिन मैं अपने कपड़े संवारती थी, कमरे को साफ़ करती थी, और सब चीजों को ठिकाने पर रख देती थी। इस सबसे मुझे गुस्सा तो बहुत आता था, लेकिन अब जब मैं इस बारे में सोचती हूँ, तो हँसी भी बहुत आती है।

एक शाम जब मैं और मेरी अम्मी घर लौट रहे थे तो हमने – पाकी बैशिंग नाम की हरकत देखी। इसमें कुछ गंजे लड़के एक शख़्स को पीट रहे थे, उन्होंने उसे लूटा और भाग गए, और कोई कुछ कर भी नहीं पाया। दरअसल में उस वक्त वहाँ मेरी माँ और मैं ही थे, हम सड़क के दूसरी तरफ खड़े थे, और पूरी तरह सदमे में थे। मैंने पहली बार अपनी ज़िन्दगी

टेलीविजन धारावाहिक 'अम्मा एंड फैमिली' की शूटिंग की दौरान डॉली अहलूवालिया (एकदम बायें) के साथ।

में ऐसी हिंसा देखी थी। हमें नहीं मालूम था कि ये इंसान हिन्दुस्तानी था, पाकिस्तानी था, श्रीलंका का था या बांग्लादेश का। लेकिन वो था इसी उपमहाद्वीप से। वो बेचारा धीरे–धीरे ज़मीन से उठा, उसने फ़ुटपाथ पर फैला हुआ अपना सामान इकट्ठा किया, और वहाँ से चला गया।

संभवतः ऐसा अचानक बांग्लादेशियों, पंजाबियों और पूर्वी भारतीयों के वहाँ आने से हो रहा था। इनमें से काफ़ी लोग ग़ैरकानूनी तरीके से यहाँ आए थे। मेरे ख़याल से ये इनॉक पॉवेल का वक्त था जो अंग्रेज़ों के बीच एशिया के लोगों के लिए काफ़ी नफ़रत भड़का रहे थे।

अम्मी ने पवन को इप्सविच के नजदीक मौजूद एक बोर्डिंग स्कूल भेजने का फ़ैसला किया। वो जब भी छुट्टियों में घर आता था, बहुत मजा आता था, और जब वो जाता था, तो बहुत दुख होता था। मैं अपने आँसुओं को छिपा लेती थी, लेकिन मेरी माँ बहुत मजबूत थीं, और चेहरे पर मौजूद अफ़सोस के बावजूद उसे हमेशा हँसते हुए विदा करती थी।

वसीम देहलवी निर्देशित 'अम्मा एंड फैमिली' धारावाहिक का एक दृश्य, ये धारावाहिक काफी मशहूर हुआ था।

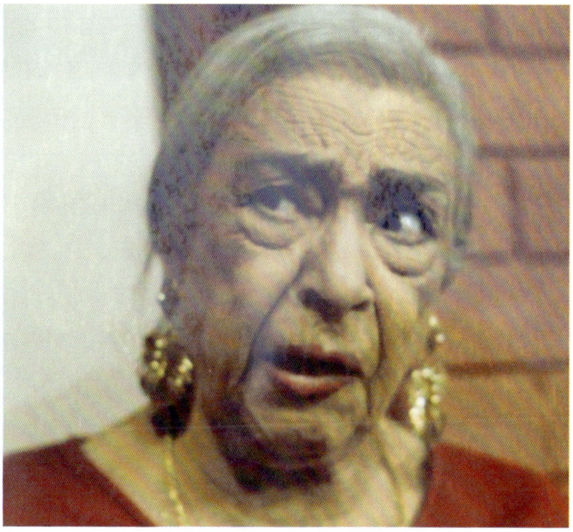

अम्मा एंड फ़ैमिली में एक अन्य शानदार अभिनय के दौरान ज़ोहरा।

हम व्यूसाइड लॉज, हाइगेट में रह रहे थे जब मेरे मंगेतर वॉल्टर बॉच्ची ने आकर मेरी माँ से मेरा हाथ माँगा, मुझे अंदाज़ा नहीं था कि वो कब आएंगे, तो मैं अपनी एक विग उनके सिर पर लगाने लगी। विग गीली थी, क्योंकि उसमें कर्लर लगाए जाने थे। तभी डोरबैल बजी और वॉल्टर अंदर आ गए। वो अम्मी को इस हालत में देखकर घबरा भी गए और अपनी हँसी भी काबू नहीं कर पाए। अम्मी भी काफी शर्मिन्दा हो गईं और उनकी भी हँसी निकल गई। उन्होंने वॉल्टर को बहुत पसंद किया और हम दोनों की शादी के लिए हामी भर दी। वो आज भी वॉल्टर को बहुत पसंद करती हैं, और 1980 में जब हमारा तलाक हो गया, तो बहुत नाखुश हुईं।

1987 में, इंग्लैंड से दिल्ली लौटने के बाद मेरी माँ ने *मुल्ला नसरूद्दीन* नाम की एक टेलीविज़न सीरीज की, जिसका निर्देशन अमाल अलाना ने किया था, इससे उन्हें शुरू में काफ़ी पब्लिसिटी मिली। फिर उन्होंने एक और सीरीज – *अम्मा एंड फ़ैमिली* में एक्टिंग की, जिसे वसीम देहलवी ने डायरेक्ट किया था। इसे भी आम लोगों ने बहुत पसंद किया।

इसके एक एपिसोड में अम्मी ने एक डबल रोल किया। उनका ओरिजिनल किरदार एक दादी माँ का था और उनकी डबल थी इंग्लैंड की एक एक्ट्रैस, जो बहुत वैस्टर्नाइज़्ड और गर्वीली थी। मुझे लगता है कि अम्मी ने इस रोल में अपना बहुत ही शानदार परफ़ॉरमैंस दिया। इसके बाद मैं अक्सर उन्हें चिढ़ाती थी, और कहती थी – मेरे खयाल से आप यही बनना चाहती थी न? और वो मेरी बात हँसी में टाल देती थीं।

कई साल बाद 29 मई, 2004 को मुझे मेरी माँ का ये ख़त मिला, जब वे प्रैस्टन, यू.के. में *चिकन टिक्का मसाला* की शूटिंग में व्यस्त थीं। उन्होंने लिखा – यहाँ मौसम बहुत ही खुशग़वार है। एक गुज्जू रेस्टोरेंट से हमारे लिए बहुत बढ़िया वैजिटेरियन और नॉन–वैजिटेरियन खाना आता है। डिनर के लिए मैं रूम सर्विस से ऑर्डर देती हूँ, उनकी कुछ डिश ठीक ठाक होती हैं। मैं सूप में एक्स्ट्रा हॉट चिली सॉस डाल लेती हूँ और कोल स्लॉ–मेओनेज गार्निश को हरी मिर्चों से सजा देती हूँ, जो हर सैंडविच ऑर्डर के साथ सर्व किया जाता है। गारलिक ब्रैड भी बढ़िया होती है, लेकिन मैं अब घर पर पके खाने और अपने प्यारे घर को मिस करने लगी हूँ।

मिला–जुला असर

अम्मी मार्च, 1962 से इंग्लैंड में ही थीं। मैं अपने भरत नाट्यम को और निखारने के लिए 1973 में दिल्ली में थी, कि तभी अम्मी ने कुछ वक्त के लिए दिल्ली आने का फ़ैसला किया। इस दौरान मशहूर कथक डांसर और कोरियोग्राफ़र माया राव, जो अब बेंगलुरु में रहती हैं, 34 शंकर मार्केट में क्लासेज ले रही थीं, जहाँ अम्मी पहले दिल्ली नाट्य एकेडमी को चलाया करती थीं। उन्होंने अपने स्टूडैंट्स को एक लैक्चर देने के लिए अम्मी को बुलाया। शुरू में तो अम्मी ने मना कर दिया, उनका कहना था कि वो भाषण वगैरह नहीं दे पाएँगी पर लड़कों और लड़कियों से अनौपचारिक ढंग से बात कर सकती हैं। लेकिन जब उन्होंने शाम 5 बजे ये बातचीत शुरू की, तो फिर ये रात 10 बजे तक चलती रही। अम्मी ने बतौर एक डांसर, और स्टेज एक्ट्रैक्स के तौर पर अपनी ज़िन्दगी और अपने अनुभवों के बारे में बताया।

इंदिरा गाँधी की सोशल सैक्रेटरी ऊषा भगत, और बाल भवन की डायरेक्टर शांता गाँधी भी तब वहाँ मौजूद थीं। जब ये भाषण खत्म हुआ, तो वो बड़ी रोमांचित थीं और उन्होंने कहा – "ज़ोहरा जी, अब आपको भारत लौट आना चाहिए"। इस पर अम्मी ने जवाब दिया – देखिए जब तक मुझे कोई अच्छा जॉब नहीं मिल जाएगा, मैं इंग्लैंड नहीं छोड़ सकती। तो ऊषा भगत ने इंदिरा जी से बात की, और उनका आइडिया था कि दिल्ली में एक नेशनल फ़ोक डांस एन्सैम्बल शुरू की जाए जिसमें डांसर्स

मूमेन्ट क्लास लेते हुए, उषा भगत (ज़ोहरा को देखते हुए) दायीं तरफ़ हैं।

के एक ग्रुप को भारत के विभिन्न राज्यों के लोकनृत्यों को करने की ट्रेनिंग दी जाएगी। इसे प्रधानमंत्री के फ़ंड से एक साल की पायलट स्कीम के लिए शुरू किया गया। अम्मी को इसके डायरेक्टर के तौर पर चार्ज लेने के लिए इंग्लैंड से बुलाया गया। उन्होंने ड्रैस्डन, जर्मनी में पैडागॉगिगस में डिप्लोमा लिया था और 1940 में अल्मोड़ा में उदय शंकर के डांस सेंटर में पांच साल का डांस सिलेबस बनाने के दौरान अनुभव हासिल किया था, वे 14 साल तक पृथ्वी थिएटर्स में बतौर डांस डायरेक्टर रही थीं, दिल्ली नाट्य एकेडमी में प्रिंसिपल रह चुकी थीं और लंदन के रामगोपाल डांस स्कूल की प्रिंसिपल का पद भी संभाल चुकी थीं। इन सारे तजुर्बों ने एनसैम्बल के करिकुलम को बनाने में मदद की।

हालाँकि इसमें जोर लोकनृत्य पर दिया जाना था, लेकिन अम्मी ने नरेन्द्र शर्मा जी से कहा कि यहाँ क्लासेज़ उदय शंकर की ट्रेनिंग वाले अंदाज़ में ही ली जानी चाहिए। डांसर्स को फ़ोक डांस स्टाइल में जबर्दस्त ट्रेनिंग दी जाएगी, और जरूरत पड़ने पर ये लोग विदेशों से आने वाले मेहमानों के सामने अपना परफ़ॉरमैंस देंगे। हालाँकि उन्हें बहुत अच्छी ट्रेनिंग दी गई, और कपिला जी की मदद और प्रोत्साहन से 11 मार्च, 1975 को हुआ उनका पहला स्टेज शो भी काफ़ी कामयाब रहा, लेकिन दिल्ली में संगीत नाटक अकादमी के जबर्दस्त विरोध की वजह से बात बन नहीं पाई। पायलट ईयर पूरा नहीं हो पाया। उनका बहाना ये था कि वो एनसैम्बल के बजट की अतिरिक्त ज़िम्मेदारी संभालना नहीं चाहते थे, क्योंकि 'वो पहले ही काम के बोझ से दबे हुए थे।

अकादमी ने इंदिरा जी को सुझाव दिया कि एनसैम्बल को एक स्वतंत्र निकाय बना देना चाहिये, लेकिन इस पर कोई बात नहीं बनी। इंदिरा

जी इलाहाबाद में अपने मुकद्दमों में उलझी हुई थीं, तो उन्होंने जल्दबाजी में एनसैम्बल को बंद करने के ऑर्डर दे दिए। दिल्ली में सब आर्टिस्ट इस फ़ैसले से सन्न रह गए और एक कमेटी बनाई गई जिसका नाम था – सेव द एन्सैम्बल कमेटी। कई बैठकें हुईं जिनमें इब्राहिम अल्काज़ी, इन्द्राणी रहमान और कई लोगों ने इस एनसैम्बल को बंद का विरोध किया। इसकी डायरेक्टर मेरी माँ थीं, जो उस वक्त वहाँ मौजूद नहीं थीं, फिर भी एन्सैम्बल के स्टूडेंट्स ने प्लेकार्ड लेकर रवीन्द्र भवन के लॉन में एक ओराओं फ़ोक डांस किया और विरोध प्रदर्शन किया। इससे सनसनी फैल गई और इन्दिरा जी को अपना फ़ैसला वापिस लेना पड़ा। उन्होंने एन्सैम्बल को जारी रखने और इसकी सूरत बदलने के लिए तीन महीने का वक्त और दे दिया। संसद के 70 सदस्यों ने एक पीटीशन पर दस्तख़त किए, जिसमें लिखा था कि इसे बंद नहीं किया जाना चाहिए और डॉक्टर जैड. ए. अहमद को इस बात के लिए राज़ी कर लिया गया कि वो इन्दिरा जी के पास जाने वाले डैलिगेशन का नेतृत्व करेंगे। अगले दिन इमरजैंसी घोषित कर दी गई, ऐसे में कलाकारों की सुध कौन लेने वाला था। मेरी माँ ने एन्सैम्बल के लिए जान लगा कर काम किया था, लेकिन जब उन्हें अपनी कोशिश में कामयाबी नहीं मिली तो उनका दिल टूट गया। उन्होंने अपना सामान बाँधा और फिर इंग्लैंड लौट गईं, और 1987 में ही वापिस आईं।

इंग्लैंड में उन्हें बीबीसी के फ़र्दर एजुकेशन डिपार्टमैंट ने *पड़ोसी* नाम की 26 एपिसोड की सीरीज़ के लिए, हर एपिसोड में को–ऑर्डिनेटर का रोल दिया। इस काम के दौरान उन्हें हर एपिसोड को इंट्रोड्यूस करना था और उसमें एक्टिंग भी करनी थी। उनके को–एक्टर थे रोशन सेठ, इन्दिरा जोशी और सोनी राज़दान, ये सभी आज की तारीख़ में एक बड़ा नाम हैं। इस प्रोग्राम को हफ़्ते में तीन दिन दिखाया जाता था और इस पूरी सीरीज़ को रिपीट किया गया। उन्होंने मिसेज़ चौधरी का रोल निभाया था, बस तभी से एशियन कम्युनिटी में मेरी माँ का नाम काफ़ी लोग जानने लगे।

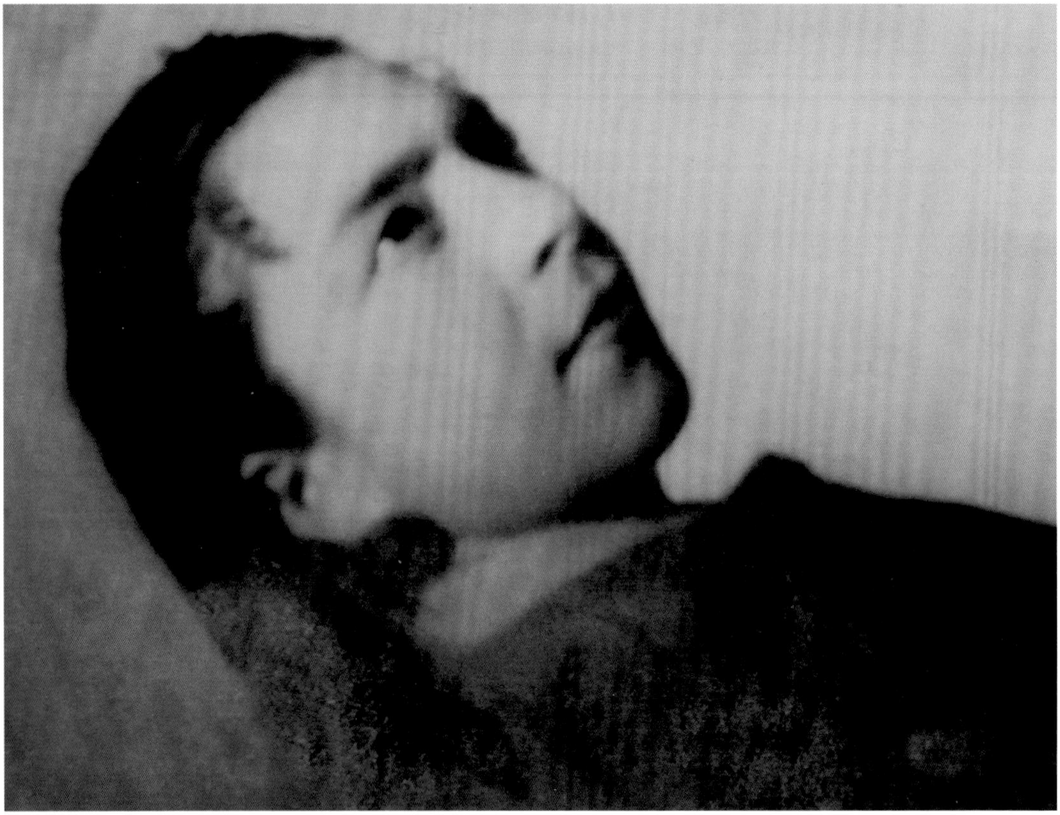

ऊँचा मनोबल

अम्मी के अंदर जबर्दस्त आत्मबल है। 1994 का साल उनके लिए बहुत बुरा रहा, क्योंकि उनकी दायीं पिंडली में मौजूद गाँठ एक ट्यूमर निकली, और उन्हें इसकी सर्जरी करानी पड़ी। टैस्ट और बायोप्सी वगैरह के दौरान उन्होंने ख़ूब हिम्मत बनाए रखी। मुझे दर्द की वजह से उनके चीखने की आवाजें आती रहती थीं, लेकिन मैं बाहर खड़ी रहकर उस दर्द को महसूस करने के अलावा और कुछ नहीं कर सकती थी। पवन ने मुझे बताया कि अगर ट्यूमर हड्डी तक पहुँच जाएगा, तो वे पूरी ज़िन्दगी बिस्तर पर सिमट कर रह जाएंगीं। मैं ये सुनकर टूट गई और अपने अहसास छिपा न सकी। पवन मुझसे ज्यादा हिम्मती था। मुझे एक परफ़ॉरमैंस के लिए जाना था जिसे मैं कैंसल करने के बारे में सोचने लगी, लेकिन उसने ज़ोर देकर कहा कि मैं अपना डांस टूर करूँ वरना उन्हें पता चल जाएगा कि उनकी हालत काफ़ी सीरियस है। लेकिन वो ये बात जान गई थीं। अब वो मुझे बताती हैं – मैंने जैसे ही तुम्हारे चेहरे को देखा, मैं ये समझ गई कि मैं बहुत गंभीर रूप से बीमार हूँ।

मैं उदयपुर में परफ़ॉर्म कर रही थी, और अपने परफ़ॉरमैंस के वक्त का इंतज़ार करते हुए भगवान से प्रार्थना की, और भगवान से माँगा कि वो मेरी माँ की जान बचाए। लेकिन मेरी माँ सिर्फ़ अपनी आंतरिक शक्ति की वजह से ही इस बीमारी का सामना कर पाईं। राम मनोहर लोहिया अस्पताल में उनका इलाज डॉक्टर ए. के. बनर्जी कर रहे थे, जो उस

सामने का पृष्ठः
ज़ोहरा हमेशा से एक सशक्त महिला रही थीं, 1994 में जब उन्हें कैंसर हुआ तो उससे लड़ने में उन्होंने हैरतअंगेज साहस दिखाया।

वक्त चीफ़ ऑफ़ सर्जरी थे। मुझे इस बात की बड़ी राहत थी कि एक कुशल डॉक्टर उनका इलाज कर रहे थे। वे अपने मरीजों के साथ बहुत ही प्यार से पेश आते थे। मेरी दो शागिर्दे–अनुराधा और सुधा अम्मी के साथ अस्पताल में रुकी रहीं, और मैं घर और अस्पताल आती–जाती रहती थी और उन्हें जो खाना अच्छा लगता था, वह बना कर लाती थी। अम्मी को अस्पताल के खाने से नफ़रत थी। पवन उनके साथ कुछ रातों तक अस्पताल में रुका रहा, क्योंकि मेरी पीठ में दर्द था। इस दौरान मेरे मित्र सत्यनारायण और मेरी एक दूसरी मित्र बेला सिंह ने मेरी बहुत मदद की।

डॉक्टर बनर्जी मेरी माँ से इतना लगाव रखते थे कि एक दिन अपने पूरे परिवार को माँ से मिलाने अस्पताल ले आए। हम आज भी एक–दूसरे के दोस्त बने हुए हैं। यहाँ मैं स्पिक मैके का जिक्र करना चाहूँगी। असल में डॉक्टर बनर्जी की दूसरी बेटी मुकुलिका से हुई मेरी मुलाकात के कारण ही माँ का इलाज और सर्जरी मुमकिन हो पाई थी। मेरी माँ हमेशा हँसती रहती थी और मज़ेदार कमेंट्स करती रहती थीं। कभी–कभी वो युवा डॉक्टरों और नर्सों को भी चिढ़ाती थीं जिन्हें उनके मज़ाक समझने में थोड़ा समय लग जाता था। ये सब पूरे दिन चलता रहता था और मैं कभी–कभी ये सोच कर हैरान होती थी कि सोते वक्त मेरी माँ के आखिरी ख़याल क्या होते होंगे!

अस्पताल से डिस्चार्ज होकर घर लौटने के बाद भी उन्हें रेडियोलॉजी कराने के लिए बतरा हॉस्पिटल जाना पड़ता था। ये शायद रोज़ाना या एक दिन छोड़ कर करना होता था। कैंसर के दूसरे मरीजों को देखकर बड़ी तकलीफ़ होती थी, इसके बावजूद वो हमेशा मज़ाक करती रहतीं और हिम्मत नहीं हारती थीं। उनके बीमारी वाले दौर में मैंने ये महसूस किया कि ताकत हम उन्हें नहीं देते थे, बल्कि वो हमें हिम्मत बंधा रही थीं। उनकी दायीं टांग में कुछ भी अहसास नहीं बचा था, इसके बावजूद वो रोजाना इतने जोश के साथ एक घंटे चलती थीं कि देखकर हैरानी होती थी। मुझे यकीन है कि उनके अंदर खुद को चार्ज करने वाली कोई बैट्री ज़रूर लगी होगी।

लघु–चित्र

1980 के दशक से आगे: लंच सवा बारह बजे सर्व हो जाना चाहिए। मुझे लगता है कि मेरे साथ रहने से अम्मी को अब इस बात से फ़र्क नहीं पड़ता कि लंच आधा घंटे पहले होता है या आधा घंटे बाद। हाँ, अपनी फ़िगर को लेकर वो 16 साल की किसी स्टार जितनी फ़िक्रमंद जरूर रहती थी। वो लगभग हर हफ़्ते अपना वजन करती हैं, और अगर वजन थोड़ा बढ़ जाता तो वे दो के बजाय एक टोस्ट ही लेने लगती थीं, और बाकी चीजों की मात्रा भी घट जाती। हालाँकि अपनी डाइट को लेकर काफ़ी चौकस रहती हैं लेकिन कभी–कभार वो सूप छोड़ देती हैं या सूप और सलाद के बजाय सामान्य लंच कर लेती हैं। मेरे घर में जब कोई मेड नहीं थी, और मुझे सुबह किसी लैक्चर डिमॉन्स्ट्रेशन या मीटिंग के लिए जाना पड़ता था तो ऐसा अक्सर होता था। मैं अक्सर उनका मज़ाक उड़ाती थी, और फिर वो मुझ पर ताना कसती थीं – देखो तो कितनी वज़न होती जा रही है! नित्य एक डांसर के तौर पर तुम्हें अपना ज़्यादा ध्यान रखना चाहिए। तुम बहुत फ़ैटी हो गई हो। उनकी बात सही थी, और इस वजह से मैंने फिर रोज वॉक करना, रिहर्सल और एक्सरसाइज़ करना शुरू कर दिया। लेकिन जब मुझे उन्हें सताना होता है, तो मैं उन्हें कहती हूं – फैटी।

शाम को जब वो अपनी वॉक खत्म कर लेती तो वो या तो बैठ कर पढ़ने लगती या टाइम्स क्रॉस वर्ड में डूब जाती थीं। उन्हें इस चीज की

किरन के मुताबिक' ज़ोहरा अपने फिगर को लेकर एक सोलह साल की नई अदाकारा की तरह हमेशा सजग रहती थीं।

लत थी। जब हमारी मौसी उज़रा हमारे साथ थीं, तो ये दोनों क्रॉसवर्ड से जूझती रहती थीं, लेकिन वो इस काम को कामयाबी से निपटा लेती थीं। लंच के बाद वो कुछ नहीं खाती थीं, लिहाज़ा रात 9 बजे तक उन्हें काफ़ी भूख लग आती थी, और तब तक डिनर का टाइम हो जाता था। डिनर हमारा मुख्य खाना होता है और अगर किसी वजह से इसमें देर हो जाती है, तो मुझे सुनना पड़ता है – आज क्या बात है, खाना नहीं खाना। मुझे

बड़ी भूख लगी है किरण, तुम्हें अंदाजा नहीं है कि मैंने लंच के बाद से कुछ भी नहीं खाया है! इस पर मेरा जवाब होता था – तो कुछ खा लो न, फिर वो मना कर देती थीं। पहले मैं उनके साथ डिनर कर लेती थी लेकिन अब अगर मुझे भूख नहीं होती, तो मैं नहीं खाती हूँ।

मज़ेदार बात ये है कि जब हमलोगों को डिनर के लिए बुलाते हैं, तब उन्हें भूख नहीं सताती। वो उनके साथ कुछ ड्रिंक्स लेती हैं और उनकी तवज्जो का मज़ा उठाती हैं। और एक बात–अम्मी अपनी ड्रिंक्स एक या दो घूँट में पी सकती हैं – बिलकुल एक टैक्सी ड्राईवर की तरह रूक जाती हैं और फिर कहती हैं – मुझे जरूर चढ़ गई है, जबकि ऐसा कुछ होता नहीं था। अम्मी को अपनी तरफ़ ध्यान देने वाले लोग चाहिएं, और अगर कोई उनकी तरफ़ ध्यान नहीं देता, तो वो बोर हो जाती थीं। एक बार दिल्ली में हमें एक रिसेप्शन के लिए बुलाया गया था। शाम बहुत खुशग़वार थी, वहाँ ऐसे बहुत से दोस्त मिले जिनसे काफ़ी वक्त से मिलना–जुलना नहीं हो रहा था। हम जब घर लौटे तो मैं बोली – वाह, कितनी खूबसूरत शाम थी! इस पर फ़ौरन उनका जवाब आया – क्या खूबसूरत शाम थी? मेरा तो किसी ने नोटिस ही नहीं लिया।

कभी–कभी अम्मी किसी छोटे बच्चे जैसी हो जाती थीं। अगर मेहमान घर पर आए हों, और उन्होंने कोई नई पोशाक पहनी हो, तो फिर उनका जोश देखते ही बनता है। हमारा एक ड्यूप्लेक्स फ़्लैट है (उनका कमरा टॉप फ़्लोर पर है), वो सीढ़ियों से कुछ इस अंदाज में उतरतीं जैसे स्टेज पर एंट्री कर रही हों। और जब लोग उनकी तारीफ़ों के पुल बाँधते तो उनकी खुशी का कोई ठिकाना नहीं होता। (ये बात कुछ साल पहले की है, अब तो वो किसी की मदद के बिना कुछ कदम भी नहीं चल पाती हैं।) वो शर्माती नहीं हैं और चाहें तो किसी से भी बात कर लेती थीं, और न चाहें तो अनदेखी भी कर देती थीं।

मेरी माँ अनुशासन को तव्वजो देतीं थीं। उनका पूरे दिन का शैड्यूल एकदम तय होता है। सुबह साढ़े सात बजे तीन या चार ग्लास पानी पिया जाता है, और उसके बाद 8 या साढ़े 8 बजे एक मग गर्म कॉफ़ी पी जाती है। फिर वो अपने कमरे में जाकर अख़बार पढ़ती, नहाती, कुछ पेपर वर्क करती और फिर रोजाना एक्सरसाइज़ भी करती जो करीब डेढ़ घंटे तक चलती थीं। एक्सरसाइज़ करना उनके दिन का सबसे ज़रूरी काम है। अगर वो किसी वजह से सुबह एक्सरसाइज़ नहीं कर पाती थीं तो बाद में दिन में उसके लिए वक्त निकालना नहीं भूलतीं। एक बार वो सीढ़ियाँ

अम्मा एंड फैमिली में एक और मनोरंजक प्रदर्शन, सन्वार।

सामने के पृष्ठ परः 1973 लंदन में 'इनर लंदन एजुकेशन अथोरटी के एक टेलीविजन शूट के दौरान किरण अपनी बेटी सुजाता के साथ।

चढ़ रही थीं, और मैं उन्हें बहुत ध्यान से देख रही थी, उन्होंने मुझे ऐसा करते देख लिया, और जैसे मेरे दिमाग़ को पढ़ते हुए बोलीं – तुम्हें मेरी सेहत का राज मालूम है – ये राज़ है एक्टिविटी, सिर्फ एक्टिविटी।

अम्मी बहुत ही ज़िद्दी हैं। अगर वो कोई फैसला कर लेती हैं, तो टस से मस नहीं होतीं। चाहे फ़ैसला अच्छा हो या बुरा।

उन्हें कपड़ों में स्टार्च लगाना बहुत पसंद है, और मुझे ये बिल्कुल पसंद नहीं है, लेकिन मेरी बेटी को पसंद है। मुझे बचपन की बात याद है,

अम्मी की साड़ियाँ हमेशा स्टार्च लगी होती थीं, और साड़ी की हर प्लेट एकदम सही हुआ करती थी। शायद उन दिनों में वो सिल्क नहीं पहनती थीं। मुझे लगता है कि जिस तरह से वो साड़ी पहनती थीं, उससे उनका कैरेक्टर नजर आता था – साफ़–सुथरा और मजबूत। वे अपना हैंडबैग बगल में रखती थीं, कंधे पर नहीं लटकाती थीं और छाता हमेशा साथ लेकर चलती थीं। वो अपने बालों को बड़ी सफ़ाई से काटती थीं, और उनका जूड़ा बनाती थी, उनका ये हेयरस्टाइल बाद में नहीं बदला। मैंने उनके खुले बाल भी कभी नहीं देखे, ऐसा तभी होता था जब वो या तो बाल धोती थीं, या थिएटर में उन्हें इस तरह का कोई रोल करना होता था। अम्मी के बाल अब सफ़ेद हो चुके थे, और जब मैं बच्ची थी तो भी कुछेक बाल सफ़ेद हुआ करते थे। इसका दोष वो मेरे पिता पर मढ़ती थीं, वो बताती थीं कि मेरे पिता मेरी माँ के बालों पर अलग–अलग चीजें आजमाते रहते थे। वो कुमकुम की बिन्दी लगाती थीं (उन दिनों चिपकने वाली बिंदियाँ नहीं आती थी), कैरी यानी आम के शेप वाली सोने की छोटी बालियाँ पहनती थीं और शादी की अंगूठी के साथ सोने के दो पतले कंगन पहनती थीं, जो अब मेरे पास है। दोस्त की मृत्यु के बाद उन्होंने ज़ेवर पहनने से इंकार कर दिया, वो इन्हें नाटकों में, टेलीविजन या फ़िल्म रोल के लिए ही पहना करती थीं। थोड़े बहुत जेवर पहन कर वो बहुत अच्छी दिखती थीं, लेकिन वो इन्हें पहनती नहीं थीं। मैंने उन्हें मनाने की बहुत कोशिशें की, लेकिन कोशिश कामयाब नहीं हुई।

24 मई, 2004: मैं साकेत, नई दिल्ली के पीवीआर सिनेमा से मणिरत्नम की शानदार फिल्म *युवा* देखकर लौटी ही थी। असल में मैं अपनी बेटी सुजाता के परफ़ॉरमैंस को देखने गई थी, जिसने अजय देवगन की बहन का रोल बहुत शानदार और नैचुरल ढंग से निभाया था। मैं बहुत घबराई हुई भी थी और एक्साइटेड भी। अगर मेरी माँ मेरे साथ होतीं तो बहुत खुश हो जाती। सुजाता ने कई सीरियल्स में काम किया है, जैसे कि – *कैसा ये प्यार है*, धूम मचा लो धूम, *यहाँ के हम सिकंदर, लव ने मिला दी जोड़ी*, और अभी हाल का सीरियल – देवी। हम सभी ख़ासकर मेरी माँ सोमवार, मंगलवार, बुधवार और बृहस्पतिवार को उसके सीरियल जरूर देखते। अम्मी सीरियल देखने के मामले में सबसे ज्यादा सीरियस रहती थीं। सुजाता ने हमें एक्टिंग की अपनी महारत से हमें हैरान कर दिया है, अम्मी को सुजाता से बहुत प्यार था, लेकिन जब ये दोनों लड़ती हैं, तो कुत्ते–बिल्लियों की तरह लड़तीं।

बाएँ से दाएँ: 2009 में, मध्यमा, किरण और सुजाता के साथ ज़ोहरा।

जैसे ही उनकी बहस ख़त्म होती थी, ये फिर से बेस्ट फ़्रेंड्ज़ बन जाती थीं। ये एक बड़ा अजीब रिश्ता है। सुजाता जिस तरह मेरी माँ से बात करती है, मैं कभी वैसे बात नहीं कर सकती थी। लेकिन कभी–कभी मुझे भी गुस्सा आ जाता है और मैं अपनी अम्मी से बहुत सख़्ती से बात करती हूँ। किसी माँ–बाप के लिए ये बात बहुत तकलीफ़देह होती होगी, कि उसकी संतान उस पर चिल्लाए। लेकिन मेरी भी एक लिमिट है, जब मैं खुद से कहती हूँ – बस बहुत हुआ, अब मैं इससे ज़्यादा नहीं सहूँगी।

22 अप्रैल, 2005: मैं अपनी अम्मी के साथ केरल गई थी, जहाँ वो – *मिस्ट्रैस ऑफ़ स्पाइसेज़* की शूटिंग कर रही थीं, पॉल बर्जेज़ इस फ़िल्म के डायरेक्टर थे और ऐश्वर्या राय लीड रोल में थीं। हम बीच रिज़ॉर्ट में रुके थे और उन्होंने अपनी ज़्यादातर शूटिंग आसपास के

एक था रस्टी में 'मैड रानी' के किरदार में।

इलाकों और समुद्र के किनारे की। चूंकि हम एक ही कमरे में रुके हुए थे, तो मैं इधर–उधर घूमते, अपना सामान पैक करते और अरेंज करते देख रही थी। उन्हें चलने–फिरने में थोड़ी दिक्कत हो रही थी। मुझे चिंता होने लगी कि आखिर वो शूटिंग का काम कैसे करेंगी! लेकिन जब उन्होंने कैमरा फ़ेस किया, तो मुझे उनकी जगह एक दूसरा ही इंसान नजर आया जो बेहद जोश से भरा था। एक दिन उन्होंने सुबह से लेकर शाम 8 बजे तक शूटिंग की, मुझे पूरा यकीन है कि अगर डायरेक्टर उनसे रुकने को न कहता, तो अपनी थकान, वहाँ की नमी और ढेर से मच्छरों के बावजूद वो शूटिंग करती ही रहतीं। ये वो चार शानदार और मस्ती से भरे दिन थे, जिन्हें मैंने अपनी माँ के थका देने वाले शैड्यूल के बावजूद उनके साथ बिताया था।

जब हम दिल्ली लौटे, तो मुझे उनकी ये बात सुनकर बहुत हैरानी भी हुई और इसने मेरे दिल को भी छू लिया। उनका कहना था – किरण,

मुझे बड़ी खुशी है कि इस ट्रिप पर तुम मेरे साथ आईं, तुम्हें अंदाज़ा भी नहीं है कि इससे मुझे कितनी खुशी हुई। तो मैंने जवाब दिया – मैं तो बस टेलीफ़ोन अटैंड करती रही, खाने का ऑर्डर देती रही। वैसे भी आपके साथ हमेशा कोई न कोई तो होता ही है। इस पर उनका जवाब था – नहीं, नहीं। "तुम्हारा मेरे साथ होना एक अलग बात है" मैं इस बात से काफ़ी खुश हुई। और फिर उन्होंने भी क्रिकेटर शोएब अख़्तर के साथ एक विज्ञापन शूट करने के दौरान वही किया, वो सुबह से लेकर शाम तक काम करती रहती थीं। नतीजा ये हुआ कि वो बीमार पड़ गईं। मैंने उन्हें समझाने की कोशिश की, लेकिन जब वो काम कर रही होतीं तो फिर उन्हें वक्त का ख़याल नहीं रहता। सच कहूँ तो हम सभी ऐसे हैं।

23 मई, 2005: मैं फ़ैब इंडिया से एक खूबसूरत टू सीटर मोढ़ा लेकर आई थी, एक सिंगल मोढ़ा भी था ताकि हमारे घर में मौजूद एक अजीब से थ्री सीटर की जगह इसे लगा सकें। अम्मी को ये सब पसंद नहीं आया, जैसे ही उन्होंने इसे देखा, वो कहने लगीं – जो लोग लकड़ी का फ़र्निचर खरीदने की हैसियत नहीं रखते, वही ऐसा फ़र्निचर खरीदते है। ये बहुत जल्दी गंदा हो जाता है और बांहों में चुभता भी रहता है। उन्होंने इस तरह के कई बहाने बनाए। मुझे समझ नहीं आया कि वो इतनी खूबसूरत चीज को इस तरह कैसे नापसंद कर सकती हैं! उन्होंने कहा था – ये चीज़ तो सिर्फ़ बरामदे में रखने के लिए हैं।

जन्मदिन

थैंक यू और प्लीज, कहने में अम्मी का कोई जवाब नहीं। अगर आप उन्हें थैंक यू न कहें तो वो बहुत परेशान हो जाती हैं। और कभी–कभी मैं उन्हें गुस्सा दिलाने के लिए ऐसा ही करती हूँ। उनके लिए गुड मॉर्निंग और गुड नाइट कहना भी इतना ही अहम है। 27 अप्रैल, 2005 को उनका बर्थडे था, और मैं उन्हें डिनर के लिए बाहर ले गई। हम केरल से क्योंकि लौटे ही थे, इसलिए ज्यादा कुछ कर नहीं सके, मेरे पास तो उनका बर्थडे प्रेजेन्ट खरीदने का भी टाइम भी नहीं था। लेकिन डिनर के वक्त मैंने देखा कि वो कुछ ख़ास खुश नहीं दिख रही थीं। मुझे लगा कि शायद सफ़र की थकान की वजह से ऐसा होगा। लेकिन मुझे ये देखकर हैरानी हुई कि उनकी नाखुशी की वजह ये थी कि वहां उनका बर्थडे केक नहीं था। तो मैं झटपट गई और एक केक ऑर्डर कर दिया, और उन्हें बताया कि केक के बारे में पहले से ही तैयारी की जा चुकी थी, जबकि मेरी ये बात झूठी थी।

मैंने सोचा कि अब वो शायद बर्थडे केक वगैरह की उतनी परवाह नहीं करती होंगी, लेकिन मुझे ये देखकर हैरानी हुई, जब उन्होंने बेहद खुशी के साथ ये कहा – अब मुझे लगा कि मेरा बर्थडे है। उनके दिल में तब भी एक बच्चा मौजूद था। अमिता मलिक, आई, कृष्ण खन्ना और उनकी पत्नी रेणु के अलावा कुछ और दोस्त भी आए थे, वो उन्हें बताती रहीं कि आज उनका बर्थडे था और वो 93 साल की उम्र पूरी कर चुकी हैं।

सामने का पृष्ठः
वीर–ज़ारा में प्रीती जिंटा और दिव्या दत्ता के साथ आईसक्रीम का लुत्फ़ उठाते हुए।

डॉली ठाकुर के साथ ''लाडली ऑफ़ द सैंचुरी'' अवार्ड की घोषणा करते हुए।

जब वो 89 साल की थीं, तो मैंने उनके लिए एक सरप्राइज बर्थडे पार्टी रखी। उन्हें बिल्कुल जानकारी नहीं थी कि क्या होने वाला है। मैंने उनके सभी दोस्तों को आमंत्रित किया था और उनसे कहा था कि वो अपने साथ कुछ न कुछ बना कर जरूर लाएं। दिन की शुरुआत एकदम आम ढंग से हुई, मैंने उन्हें जन्मदिन की मुबारकवाद दी और कुछ वक्त बाद मैंने उनसे कहा – क्या आप आज तैयार नहीं होंगी, और अच्छे कपड़े नहीं पहनेंगी? उन्हें लगा कि भला इस सब की क्या जरूरत है, लेकिन मैंने उन्हें इसके लिए मजबूर किया। ख़ैर, उन्होंने कपड़े बदल भी लिए।

वो काफ़ी नाराज़ और नैगलेक्टेड लग रही थीं। दोपहर एक बजे उनके दोस्त एल्फ्रेड व्यूरफ़ैल उन्हें बधाई देने आए, जिससे उन्हें काफ़ी हैरानी हुई। उसके बाद उषा भगत आईं, फिर अमिता मलिक आईं, फिर पवन और उसकी पत्नी सीमा, उनके बच्चे रोहन, तामरा और अनुष्का आए। जल्दी ही जॉय माइकल, रति बार्थोलम्यू और कई दूसरे लोग भी आ पहुँचे और ये सब अपने साथ कुछ न कुछ बना कर लाए थे। आमंत्रण सूची में मेरे भी कुछ फ्रैंड्स शामिल थे, और सब इस मौके का खूब मज़ा ले रहे थे। इसके बाद पवन कमरे में उनका बर्थडे केक लेकर आया जिस

पर खूब बड़ा–बड़ा 89 लिखा था। अब उनके चेहरे पर मौज़ूद खुशी देखने वाली थी। ऐसा लग रहा था मानो वो कोई 5 साल की बच्ची हों। काश, मैंने तब उनकी एक तस्वीर ले ली होती!

अब हर 6 महीने में वो नए कपड़े खरीदने का कोई न कोई बहाना ढूँढ़ लेती हैं, अगर मेरे पास वक्त होता है, तो वो मेरे साथ शॉपिंग पर जाती, वरना मेरे किसी दोस्त या फ़िर मेरी किसी शागिर्द के साथ जाती, मुझे उनके साथ जाना पसंद था, क्योंकि इस बहाने मैं अपने लिए कोई सलवार–कमीज या खूबसूरत साड़ी खरीदवा लेती थी। मैं आज भी दशहरे के आसपास ये कह कर उनसे कुछ पैसे ले लेती थी कि – मेरी पूजा की साड़ी कहाँ है, या मेरा बर्थडे प्रेजेन्ट कहाँ है? जब अम्मी जवान थीं, तो मैंने उन्हें कभी सलवार–कमीज पहने नहीं देखा, वो बस नाटकों में रोल के दौरान इसे पहनती थीं। वो हमेशा साड़ी पहनती थीं, और सलवार कमीज उनके लिए नाइट सूट जैसे थे। वो हमेशा सलवार–कमीज ही पहने रहती थीं। उनका कहना था कि उनके लिए ये पोशाक ज्यादा सुविधाजनक और प्रैक्टिकल हैं।

जब वो ब्यस्त होती उन्हें किसी फ़ंक्शन में बतौर मुख्य अतिथि जाना बहुत बुरा लगता, लेकिन जब उनके पास थोड़ा वक्त रहता तो उन्हें ऐसा करने में कोई दिक्कत नहीं होती। 2005 में उन्हें जिस भी फ़ंक्शन में बतौर मुख्य अतिथि बुलाया जाता था, या जहाँ भी उनका सम्मान किया जाता था, वो वहाँ जाती थीं। वो पैसा बहुत सोच–विचार कर ख़र्च करती थीं। मिसाल के लिए एक बार वो अपनी बहन को एयरपोर्ट से रिसीव करने गईं और अपनी मदद के लिए हमारे हाउस हैल्पर – सुरेश को भी साथ ले गईं। उन्होंने सुरेश को टैक्सी में बिठाया, क्योंकि वो नहीं चाहती थीं कि उसे अंदर ले जाने पर, उसके टिकट पर 50 रुपये और ख़र्च करने पड़ें। एक बात और भी है, मैं जब चाहूँ उनसे पैसे ले सकती थी, ये बात और है कि मैं ऐसा कभी करती नहीं थी मैं बस उनसे अपनी पूजा की साड़ी, दीपावली की साड़ी और बर्थडे प्रेजेन्ट ही ले लेती थी।

मैंने उन्हें इस बात के लिए मनाने के लिए भरपूर कोशिश की कि वो अपनी एक बर्थडे ग्रीटिंग एजेंसी खोल लें। आपको सुनने में ये बात अजीब लगती है न? पर सच ये है कि अम्मी बर्थडे कार्ड भेजने और लोगों को बधाई देने में बहुत माहिर थीं। अगर उन्हें आपकी डेट ऑफ़ बर्थ पता चल जाए, तो फिर आपको साल दर साल उनकी तरफ से बर्थडे ग्रीटिंग कार्ड मिलेगा। लेकिन बुरी बात ये है कि वो इस बात पर बहुत जोर देती

ऊपर और सामने के पेज पर: 1999, संजय लीला भंसाली निर्देशित फिल्म" हम दिल दे चुके सनम" में सलमान खान, ऐश्वर्या राय व अन्य कलाकारों के साथ उत्सव का मज़ा लेते हुए।

थीं कि मुझे भी इस कार्ड पर दस्तख़त करने चाहिए। पहले तो मैं इससे इंकार कर देती थी, और वो मुझे मनाती रहती थीं। लेकिन आख़िरकार मैं हार मान जाती थी। इसके तो मैं बिना सोचे–समझे दस्तख़त कर देती थी। मुझे तो ये भी नहीं पता होता था कि ये कार्ड किसे भेजा जा रहा है।

वो कहती थीं कि जो भी ख़त हो, उसे फ़ौरन पोस्ट किया जाना चाहिए। मैंने उनसे कहा भी कि आज के लिए लैटर बॉक्स से चिट्ठियाँ निकाली जा चुकी हैं, और अब अगले दिन सुबह 10 बजे ही चिट्ठियाँ निकाली जाएंगी, तो इस अहम ख़त को अगली सुबह भी पोस्ट किया जा सकता है। लेकिन उनका कहना था, हो सकता है कोई करिश्मा हो जाए, और किसी परी की शक्ल में आकर पोस्टमैन ये चिट्ठी ले जाए!

मैं अपनी अम्मी की एक बात की जरूर तारीफ़ करना चाहूँगी, हाल तक वो पूरी दुनिया में मौजूद अपने दोस्तों को नए साल के कार्ड खुद ही बना कर भेजा करती थीं। वो इनमें लाल, गहरे नीले या गहरे हरे रंगों का इस्तेमाल करती थीं और साथ ही पैन और स्याही का भी। वो अपनी

इस खूबसूरत एक्सरसाइज़ को अक्टूबर के बीच से शुरू करके नवम्बर तक जारी रखती थीं। उनके सभी दोस्तों और रिश्तेदारों को हाथ से बने उनके कार्ड क्रिसमस और नए साल के लिए समय से मिल जाते थे और वो जवाब भी देते थे। इस दौर में उनका कमरा बहुत ही खुशग़वार लगता था, उनकी मेज और बुकशैल्व्स में रंग–बिरंगे कार्ड ही नजर आते थे। सिर्फ़ उनके कमरे में ही नहीं, बल्कि पूरे घर में ही त्यौहार सी रौनक दिखाई देती रहती थी। ये रौनक दीपावली से शुरू होकर नए साल के बाद तक बनी रहती थी।

कविताओं से प्यार

बचपन में माँ को पोएट्री से नफ़रत थी। उनका कहना था कि इसकी वजह यह थी कि उनकी एक दोस्त मुमताज शाहनवाज़ या ताजी उन्हें पकड़ने और प्यार करने की कोशिश करती रहती थीं, और इस बात से उन्हें नफ़रत थी। मुमताज शाहनवाज बहुत खूबसूरत शायरी लिखती थीं।

बाद में, मुम्बई में जब वो पृथ्वी थिएटर्स में थीं, तो पृथ्वीराज कपूर ने सब कलाकारों से हफ़ीज़ जलंधरी की गज़ल – 'नग़मा ए बहार' याद करके सुनाने को कहा, जिसे वो खुद बहुत खूबसूरती से पेश किया करते थे। 8 दिसम्बर, 1983 को रवि जी यानी पंडित रविशंकर ने दिल्ली के सिरीफोर्ट में अपने बड़े भाई उदय शंकर की याद में एक फ़ैस्टिवल का आयोजन किया।

उन्होंने मेरी माँ से इस मौके पर कुछ सुनाने को कहा, और उन्होंने – नग़मा – ए – बहार 'अभी तो मैं जवान हूँ', सुनाई । स्टेज पर आने के बाद उन्होंने घोषणा की – ये कविता मेरे दो गुरुओं को मेरी श्रद्धांजलि है – उदय शंकर और पृथ्वीराज कपूर। इस रैसिटेशन के जरिये उन्होंने सबका मन मोह लिया।

1989 में जब सफ़दर हाशमी का बेरहमी से कत्ल किया गया, तो उनकी याद में दिल्ली में संगीत नाटक अकादमी में एक सभा हुई। उनके परिवार ने अम्मी से पोएट्री सुनाने को कहा। पोएट्री में उनकी महारत नहीं थी और उर्दू शायरी की उन्हें ज्यादा जानकारी भी नहीं थी, ऐसे में सफ़दर

सामने का पृष्ठः
किसी मौके पर कविता को पढ़ने के दौरान; ज़ोहरा के संग्रह में उनकी कई तरह की कविताऐं थीं।

1990, दिल्ली में इब्राहिम अल्काज़ी द्वारा निर्देशित 'दिन के अंधेरे' का एक मार्मिक दृश्य।

हाशमी की फ़ैमिली ने उन्हें फ़ैज अहमद फ़ैज की एक गज़ल पढ़ने के लिए दी। उन्हें इसे याद करने में तीन दिन और सुनाने में 5 मिनट लगे, ये थी गज़ल – 'इंतेसाब', यानी समर्पण। इन तीन दिनों के दौरान वो समझ गईं कि इस शायर ने आम ज़िन्दगी से ताल्लुक रखने वाले लोगों की तकलीफ़ों के लिए खुद को कैसे समर्पित कर दिया था।

उसके बाद के बर्षों में अम्मी को शायरी पढ़ने के लिए काफ़ी बुलाया जाता रहा, तो उन्होंने बहुत सी कविताओं और गज़लों का संग्रह अपने पास कर लिया। उनके पास बच्चों के लिए, बंटवारे के लिए कविताएं, उनके नाटकों की कुछ स्पीचिज़, इनमें से कुछ अंग्रेज़ी में, तो कुछ उर्दू में हैं। उन्हें कई समारोहों में बुलाया जाता रहा है, ताकि वो इन कविताओं या गज़लों को सुना सकें।

मुझे याद है, 1995 का साल था, हमें हमारे एक बहुत करीबी दोस्त जनरल मोहंती और उनकी खूबसूरत और साहसी पत्नी भारती ने पहाड़ों

में छुट्टियाँ बिताने के लिए न्यौता दिया था, जो भारतीय सेना में थे। वो कई बार हमें अपने साथ समय बिताने के लिए बुला चुके थे। हम भी हमेशा उनका न्यौता स्वीकार करते थे, और उनके साथ छुट्टियों का मज़ा लेते थे।

हमलोग कौसानी में छुट्टियों का मज़ा ले रहे थे। एक दिन कर्नल इंचार्ज ने कहा कि वो चाहते हैं कि अम्मी और मैं आर्मी ऑफ़िसर्स और उनकी पत्नियों के साथ कुछ वक्त बिताएं। कॉकटेल्स के दौरान उन्होंने अम्मी से गुज़ारिश की, कि वो अपनी मशहूर कविता – 'अभी तो मैं जवान हूँ सुनाएं'। वो इसे मलिका पुखराज की तरह गाती नहीं, बल्कि इसे पढ़ती हैं और अपने हिसाब से सुनाती हैं। सुनने वाले के लिए हर छंद की आख़िरी लाइन सबसे ज्यादा अहम होती है, यानी 'अभी तो मैं जवान हूँ'। जब भी वो इसे बोलती हैं, हर बार उनकी आवाज का लहज़ा और टोन अलग होता है।

लेकिन इस शाम ऐसा कुछ नहीं हुआ, क्योंकि हालाँकि सेना के ये लोग उनकी शायरी सुन कर मोहित थे, लेकिन जैसे ही वो आख़िरी लाइन पर पहुँचती, कर्नल साहब किसी कथक डांसर की तरह अचानक अपनी बांहें हवा में उठा देते थे और जोर से बोलते – 'अभी तो मैं जवान हूँ'। मैंने देखा कि अम्मी का गुस्सा हर छंद के बाद बढ़ता ही जा रहा था और जब उन्होंने आखिरी लाइन भी खत्म कर ली, तो वो मेरी तरफ मुड़ीं और धीरे से बोलीं – इस बेवकूफ़ ने मेरी सारी कविता बर्बाद कर दी। मेरी तो हँसी छूट गई, लेकिन फिर मुझे खुद को कंट्रोल करना पड़ा, एक डांसर के तौर पर आपमें ये खूबी होनी चाहिए।

फ़्लैशबैक

एक बार अम्मी ने ये महसूस किया कि बेशक रामपुर एक अंजान सी एस्टेट है, लेकिन नवाब की अक्लमंदी और अनोखी सोच की वजह से इस जगह ने काफ़ी नाम कमाया है। नवाब हामिद अली ख़ान ने आमों की ग्राफ़्टिंग करा कर – समर बहिश्त नाम की एक किस्म बनवाई, जिसका मतलब था – जन्नत का फल। बाबा यानी उस्ताद अलाउद्दीन खान ने अम्मी से कहा था कि संगीत और नृत्य के नवाब के ज्ञान की वजह से कला जगत में रामपुर का नाम काफ़ी मशहूर हुआ है। उन्होंने चार बैठ को काफी लोकप्रिय किया था, इसमें पठान बैठ कर शायरी गाते हैं। उस्ताद ने ये भी बताया था कि डोमनियो के स्तर को संगीत और नृत्य की दुनिया में एक प्रोफ़ेशनल और क्लासिकल रुतबा भी प्रदान किया गया। (नाचने और गाने वाली ये लड़कियाँ वेश्याएं नहीं होती हैं, लेकिन इन्हें रखैलों के तौर पर रखा जा सकता है।) नवाब के दरबार में कई जाने–माने संगीतकार और नर्तक मौजूद थे जिनमें कालका बिंदादीन भी शामिल थे। हमें ये भी बताया गया था कि नवाब ने कुत्तों की एक पॉइंटर नस्ल का मेल सड़कों पर मिलने वाले आम कुत्तों से करा कर रामपुर हाउंड्स नाम से एक नई नस्ल भी शुरू की थी। ये हाउंड कुत्ते शिकार के दौरान, शिकार को ढूंढ़ने में शानदार साबित हुए। अम्मी याद करती हैं कि जब उनके रिश्तेदार उनसे मिलने आते थे, तो मेरे पिता कहा करते थे – लो ''रामपुर हाउंड्स आ गए''।

सामने का पृष्ठः
1962, दिल्ली में कॉकेशन चॉक सर्कल में जमिला वर्गिस के साथ ज़ोहरा।

एक दिन वो रामपुर के बारे में याद करते हुए कहने लगीं – कि बाबा किस तरह बचपन में बंगाल के अपने घर से भाग गए थे और उन्होंने अपना कैरियर शुरू किया था। जब सड़क पर रामपुर के नवाब की बग्घी आ रही थी तो 11 साल के अलाउद्दीन खान उसके सामने आ गए। नवाब ने उनसे पूछा कि वो क्या चाहते हैं, इस पर अलाउद्दीन खान बोले कि वो उस्ताद वज़ीर खान की शागिर्दी में संगीत सीखना चाहते हैं, जो उस वक्त ऑर्केस्ट्रा के प्रमुख म्यूज़िशियन थे।

उस वक्त भारत में ऑर्केस्ट्रा होना एक दुर्लभ बात थी, ये बात 20वीं सदी की शुरुआत की है। वो बताती हैं कि जब वो एक फ़ंक्शन के लिए रामपुर गई थीं तो उन्होंने पर्दा चिक में से झाँक कर देखा तो उन्हें दाढ़ी वाले, एक बड़ी उम्र के म्यूज़िशियन, उस्ताद वज़ीर ख़ान नजर आए जो एक बेहद पतली आइवरी स्टिक लेकर ऑर्केस्ट्रा कंडक्ट कर रहे थे। वो तो ये सब देखकर हैरान रह गईं और क्वीन मैरीज़ कॉलेज लौटने पर उन्होंने अपने स्कूल के दोस्तों को इस बारे में बताया, क्योंकि उस दौर में ऑर्केस्ट्रा जैसी कोई चीज़ नहीं होती थी। अम्मी बतातीं कि बाबा उनसे कहा करते थे कि जब उस्ताद वज़ीर ख़ान ने उन्हें अपने शाग़िर्द के तौर पर कबूल किया, तो उनसे दो साल तक कुछ नहीं कराया गया, वो सिर्फ उनका हुक्का भरते थे और पाँव दबाते थे। ये थी पुरानी गुरु–शिष्य परम्परा। बाबा ने उनसे सरोद बजाना सीखा, और बाद में भारत के जाने–माने सरोदवादक बने।

भारत में जब टेलीविजन नया–नया आया था, तो अम्मी ने दूरदर्शन के लिए दो नाटकों में काम किया था। इनमें से एक था – *दीया बुझ गया,* जिसका निर्देशन शिवेन्द्र सिन्हा ने किया था। मुझे लगता है कि ये टेलीविजन पर दिखाया गया पहला नाटक था। दूसरा नाटक था – *सात पैसे,* जिसके डायरेक्टर थे हबीब तनवीर। इसके अलावा उन्होंने कई स्टेज प्ले भी किए, जैसे कि – *कॉकेशियन चॉक सर्कल,* जिसका निर्देशन इन्दर लाल दास ने किया था, वही लिटिल थिएटर ग्रुप्स के संस्थापक और मालिक हैं। *शतरंज के मोहरे* नाटक को हबीब तनवीर ने निर्देशित किया था, *द वॉल्ट्स ऑफ़ द टोरीडॉर, द एयरिस एंड द लार्क* का डायरेक्शन यू एस आई एस के टॉम नूनन ने किया था। ये 1960 के दशक का शुरुआती दौर था।

अम्मी जब दिल्ली लौटीं, तब की उनसे जुड़ी एक और याद भी मेरे ज़ेहन में है। वो एक ड्रामा क्रिटिक के तौर पर शंकर्स वीकली में लिखा

करती थीं – एक शाम जब वो एक परफ़ॉरमैंस को देखने जा रही थीं, तो वो चाहती थीं कि मैं भी उनके साथ जाऊँ। पता नहीं उस दिन क्या हुआ, लेकिन मैंने ठान लिया, कि मैं उनके साथ नहीं जाऊँगी। तब मैं 16 या 17 साल की थी। वो मुझे ले जाने पर अड़ी रहीं, और मैं मना करती रही।

आख़िरकार, राजी न होने के बावजूद मुझे अम्मी के साथ जाना पड़ा, लेकिन मैं सारे रास्ते बड़बड़ाती रही – मैं आपके साथ नहीं जाना चाहती। तब अम्मी ने मेरी तरफ़ मुड़ कर देखा और नाराज़गी भरे लहज़े में कहा – तो घर लौट जाओ। रात हो चुकी थी और हम नॉर्थ एवेन्यू से सैक्रेटेरिएट बस स्टॉप की तरफ पैदल जा रहे थे जो राष्ट्रपति भवन के पीछे था। मैं घर लौटने के लिए मुड़ी, और कुछ कदम चली ही थी कि रोने लगी, और एक आदमी ने मेरा हाथ पकड़ कर मुझसे पूछा – तुम रो क्यों रही हो? मेरे लिए बस इतना ही काफ़ी था। मैं बहुत डर गई, और चिल्लाई – अम्मी, और फिर उनकी तरफ़ दौड़ गई। शुक्र है कि वो उस वक्त भी वहीं मौजूद थीं। उन्होंने मेरा हाथ पकड़ा और मेरे साथ चलने लगीं।

मुझे ये भी याद है कि जब पवन पैदा होने वाला था तो मेरी माँ और मैं नैनीताल गए। पवन का जन्म 20 मई, 1952 को रेमज़े हॉस्पिटल में हुआ था। हम मैट्रोपोल होटल में रुके हुए थे। उन दिनों ये बहुत ही खूबसूरत और शानदार होटल हुआ करता था। मेरे पिता की मृत्यु के बाद भी गर्मियों की छुट्टी में अम्मी मुझे नैनीताल ले जाती थीं। इस दौरान पवन से भी मिलना हो जाता था, जो शेरवुड स्कूल में पढ़ रहा था। नाना कुछ कमरे या कोई कॉटेज किराए पर ले लेते थे, ताकि पूरी फ़ैमिली कुछ दिन साथ गुज़ार सके। उन दिनों नैनीताल बहुत पुरसुकून हुआ करता था। बस स्टॉप से आगे कार ले जाने की इजाज़त नहीं थी, और हम घोड़ों पर या डांडी पर जाते थे। बोट क्लब हम बच्चों को बहुत आकर्षित करता था। हममें से कुछ क्योंकि 18 साल से कम उम्र के थे, इसलिए हमें क्लब में दाखिल होने की इजाज़त नहीं थी। कई शाम, जब हम उसके पास से गुजरते थे, तो हमें बड़ा मधुर संगीत सुनाई देता था, और वहाँ मौजूद जवान स्त्री–पुरुष फ्रैंक सेनाट्रा, बिंग क्रॉसबी, नैट किंग कोल और लुई आर्मस्ट्रांग के म्यूजिक पर झूमते और रोमांस करते रहते थे।

वॉयसिस

शीला धर को सन् 1992 में दिए गए अपने एक इंटरव्यू में मेरी माँ ने कहा था – मेरे फ़ील्ड का क्रिएटिव प्रॉसेस अलग है। थिएटर हो या सिनेमा, आपको अपने से बाहर के हालात से भी वाकिफ़ होना होता है। स्टेज पर ये बाहरी पहलू होता है दर्शक, और फ़िल्मों में ये होता है कैमरा। थिएटर में आपको ख़ूब जोर से बोलना पड़ता है। लेकिन सिनेमा में आपको एक्टिंग करनी पड़ती है। कैमरा क्लोज़अप हर उस अहसास को पकड़ता है जो आपके दिमाग या दिल में आ रहा होता है। दर्शक को भी ये सब देखकर, वैसा ही महसूस होना चाहिए। इस काम में माहिर होने के लिए आपको जबर्दस्त अनुशासन और मेहनत की जरूरत होती है।

लेकिन ऐसी महारतों में एक्सपर्ट हो जाना तो सिर्फ़ शुरुआत है। इस स्टेज के बाद, हर एक्टर के अंदर मौजूद एक जुनूनी इंसान उभरता है और उस पर कब्जा कर लेता है। मैं इसे जुनून इसलिए कहती हूँ, क्योंकि एक्टर की पर्सनैलिटी असल में बंट जाती है। चाहे वो खुद हो, या उसका किरदार हो, इन दोनों को ही असली होना चाहिए। इस पर्सनैलिटी के दोनों हिस्सों को असली महसूस होना चाहिए। अगर मैं रोऊँ, तो मेरा रोना इतना असली लगना चाहिए कि वो देखने वालों को भी रुला दे। अगर मैं ये सब नकली तरीके से करूँगी, तो उनके आँसू नहीं निकलेंगे। मैं सच्चाई से अभिनय करना चाहती हूँ, और मुझे ये कहना है कि अगर मैं एक्टिंग कर रही होती हूँ तो भगवान का नाम मेरे दिमाग में दूर–दूर तक

सामने का पृष्ठः
2007, आर बाल्कि निर्देशित फिल्म 'चीनी कम' में अमिताभ बच्चन के साथ।

ज़ोहरा का कहना था कि 'अभिनय करते समय वह पूरी जी–जान लगाकर किरदार में रच–बस जाती थीं, उसी समय वह खुद का अक्स किरदार पर नहीं पड़ने देती थीं।

नहीं होता। मैं पूरी तरह से उस किरदार के जैसा ही हो जाना चाहती हूँ, लेकिन साथ ही खुद पर भी कंट्रोल बनाए रखना चाहती हूँ। कोई एक्टर हमेशा परफ़ैक्शन हासिल करने की कोशिश करता है, लेकिन ऐसा होता बहुत कम है। हमें जो किरदार निभाना होता है, बाकी काम के अलावा उसकी अहमियत को जानना भी बहुत जरूरी है।

अमाल अलाना के अनुसार – एक थिएटरकर्मी के तौर पर ज़ोहरा की कहानी के बारे में मेरा कहना ये है – उनकी कहानी में ह्यूमर भी है, विट भी है, और वो खुद पर बिल्कुल भी तरस नहीं खातीं। बेशक उन्होंने पर्दा छोड़ दिया है, अपनी निराशाओं और परेशानियों से भी

मुक्ति पा ली है और वो अपनी गरिमा को बनाए रखती थीं जो उनकी शानदार परवरिश का नतीजा थी। उनकी किताबों में खुद उनके लिए एक सवाल होता है – क्या मैं और भी कुछ कर सकती हूँ? तो मेरा जवाब ये होता है कि वो अपनी हदों से आगे जा चुकी हैं, और जिस किताब के लिए वो 30 साल से भी ज़्यादा से मेहनत करती आई हैं, वो समकालीन भारतीय थिएटर और डांस के इतिहास के लिए एक ठोस योगदान है। सैल्यूट ज़ोहरा।

अल्फ़्रेड व्यूरफ़ेल – *इंडिया माई करमा* में लिखते हैं – मैं 1953 तक बॉम्बे में रहा, इस दौरान मैं ज़ोहरा से अक्सर मिलता रहता था। मैं उन नाटकों को देखना कभी मिस नहीं करता था, जिसमें उन्होंने प्रमुख भूमिकाएं निभाई थीं।

अनवर जमाल की ज़ोहरा पर एक डॉक्युमेंट्री से – रामपुर में अपने कज़िन साहिबज़ादा युसुफ़ ख़ान के 'रोज़ाविल घर पर।

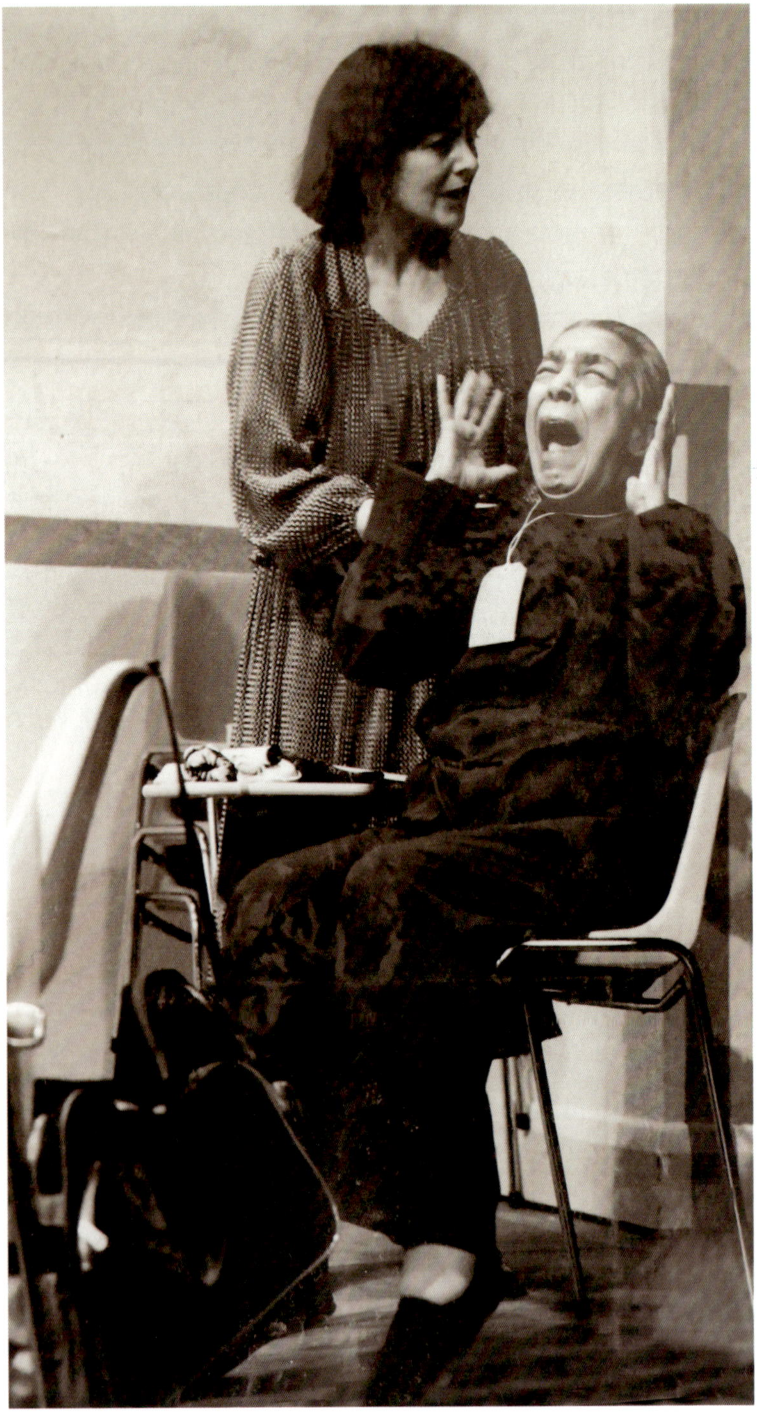

"द प्राइमरी इंग्लिश क्लास" के मंचन के दौरान मिसेज़ पॉगं का किरदार निभाते हुए ज़ोहरा।

''1950 में मुझसे बॉम्बे में मौजूद जर्मन कांस्युलेट जनरल को जॉइन करने के लिए कहा गया, और फिर 1953 में मुझे कल्चरल डिपार्टमेंट के एक सदस्य के तौर पर नई दिल्ली की जर्मन एम्बैसी ट्रांसफ़र कर दिया गया। लेकिन मैं ज़ोहरा से अक्सर मिलता रहता, उनके बॉम्बे से दिल्ली आने के बाद ये मुलाकातें और बढ़ गईं। वो जब भी मुझसे मिलती, मुझे गले लगाती और कहतीं – लो आ गया मेरा सबसे पुराना बॉयफ्रेंड। वो एक बहुत ही कामयाब एक्ट्रैस बन चुकी हैं और 90 साल की होने के बावजूद फ़िल्मों में एक्टिंग करती रहीं, स्टेज पर एक्टिंग करती रहीं और लोग उनके परफ़ॉरमैंस देखने के लिए दीवाने रहते। हम 1930 से एक–दूसरे को जानते हैं, हम अब भी दिल्ली में एक–दूसरे के घरों में मिलते रहते हैं, और वो जब भी स्टेज पर आती हैं, मैं सबसे अगली कतार में बैठ कर उन्हें देखता हूँ।''

''मैं सच्ची बने रहना चाहती हूँ, और मुझे कहना है कि जब मैं एक्टिंग करती हूँ तो मैं भगवान को भी भूल जाती हूँ''–ज़ोहरा सहगल।

सोच

मैंने हाल ही में अपनी अम्मी को बताया कि बेशक मैं बड़ी हो चुकी हूँ, लेकिन मेरे अंदर छिपा एक ऐसा बच्चा है जो कभी–कभी मुझे बहुत उल्टे–सीधे काम करने को कहता है। तो उनका कहना था – ये तो बहुत अच्छी बात है। तुम्हें अपने अंदर ये अहसास हमेशा जिंदा रखना चाहिए।

मैं अपनी माँ की गोद में सिर रखना हमेशा मिस करती हूँ, और मुझे यकीन है कि वो भी इस बात को मिस करती होंगी। असल में अब मेरे पास टाइम ही नहीं है। इससे मुझे उस दिन की याद आती है जब मैं शायद 6 या 7 साल की थी। मेरे पिता, मेरी माँ और मैं अपने पिता के कमरे में थे और ये दोनों किसी विषय पर बात कर रहे थे। दोस्त अपनी पसंदीदा सिगरेट पी रहे थे, वो कैप्स्टन या गोल्ड फ़्लेक पीते थे, सिगरेट एक टिन में रखी होती थी जिसमें एक बिल्ट इन कटर था, जो मुझे बहुत दिलचस्प लगता था। मुझे ये बात बड़ी अजीब लगती थी कि वो अपने होठों पर सिगरेट लगाते थे और धुँआ बाहर आने लगता था।

मैं बहुत ज़िद्दी थी, मैं इस मैजिक को ट्राई करना चाहती थी। मेरे पिता मुझसे कहते रहते थे – ''नहीं, ये चीज़ बच्चों के लिए नहीं है, ये तुम्हारे लिए ठीक नहीं है, तुम बीमार हो जाओगी।''

मेरे पिता ने मेरा ध्यान भटकाने की बहुत कोशिश की, लेकिन मैं कहाँ सुनने वाली थी, तो आखिरकार उन्होंने इस मैजिक को मेरे होठों पर लगाया, मुझसे गहरी साँस लेने और फिर छोड़ने को कहा। अम्मी फ़ौरन

सामने का पृष्ठः
''चीनी कम'' में कई तरह की भाव और भंगिमाएं।

गुस्से में बोलीं – ''क्या कर रहे हो कामेश्वर''? उस वक्त मेरे लिए दोस्त की ज्यादा अहमियत थी। मुझे ये समझ नहीं आया कि वो मुझे एक सबक सिखाने के लिए ऐसा कर रहे थे, तो जैसा उन्होंने कहा – मैंने किया। धुएं की वजह से मुझे जबर्दस्त खाँसी आई और साँस लेना मुश्किल हो गया। मैं तो जैसे बेहोश होने वाली थी। तभी मेरी माँ ने मेरा सिर अपनी गोद में रख लिया और धीरे–धीरे मेरी पीठ सहलाने लगी। इस नीमबेहोशी की हालत में मैंने सुना कि मेरी माँ मेरे पिता से कह रही थीं – तुम भी कमाल करते हो कामेश्वर, एक छोटी बच्ची के साथ कोई ऐसा करता है! वो मेरे पिता से बहुत नाराज़ हो गईं। जब मेरी माँ ने अपनी गोद में मेरा सिर रखा, तो मुझे कितनी राहत मिली, मुझे यूँ लगा जैसे अब मेरा कोई कुछ नहीं बिगाड़ सकता।

अम्मी की दो बहुत ही गंदी आदतें – एक तो डाइनिंग टेबल पर बैठकर नाक सिनक, और दूसरी, ये कि अगर मैं घर लौटूं तो वो मुझे एक पल के लिए भी चैन से नहीं बैठने देतीं। वो फ़ौरन बताने लगतीं कि

पीढ़ियों का फासला– ''चीनी कम'' में स्विनी खारा के साथ (पीछे अमिताभ भी हैं)।

ज़ोहरा का मानना था कि 'जो कुछ आपके दिलो–दिमाग में चल रहा होता है, कैमरा उसी का क्लोज़–अप लेता है' ''वीर–ज़ारा'' में प्रीति जिंटा के साथ।

क्या काम करना है, या क्या मैसेज दिया जाना है। जब भी उन्हें किसी की मौत की खबर मिलती थी, वो कहती थीं – ''अब मैं ही एक रह गई हूँ, अगली बारी मेरी है।'' अम्मी को जो भी अवॉर्ड, टाइटिल और सम्मान मिले हैं, वो उनसे बहुत ख़ुश हैं।

अगर उनसे पूछा जाता था कि ये सब चीजें कहाँ हैं, तो वो कहा करती थीं कि वो सब एक बैडपैन के साथ एक बॉक्स में ठीक ठाक पैक किए जा चुके हैं। फिर अचानक एक दिन वो बोलीं – ''जब मैं मरूं, तो मेरे लिए रोना मत, और मेरी अस्थियों को टॉयलेट में फ़्लश कर देना।''

"चीनी कम" फिल्म में एक ठेठ कुँवारा, जो अपने से 30 साल छोटी लड़की से प्रेम कर बैठता है, उसकी माँ की चुनौतीपूर्ण भूमिका को निभाते हुए ज़ोहरा सैगल।

AMITABH BACHCHAN

April 17th 2006

My dear and lovable Zohraji,

As promised on the sets of "Cheeni Kum", I am sending you Champagne. I do hope you enjoy it.

It has been wonderful working with you and your unflinching energy is a great inspiration to all us youngsters.

Wish you good health, joy and happiness.

With very warm regards

Amitabh Bachchan

Ms Zohra Sehgal
New Delhi

amb:rs.jalsa

PRATIKSHA JUHU MUMBAI 400 049

ज़िन्दाबाद

मुझे लगता है कि ज़ोहरा जी से मेरी पहली मुलाक़ात मुग़ल दरबार में 476 साल पहले तब हुई थी जब वो अपनी अक्लमंदी, खूबसूरती और डांसिंग की महारतों से बादशाह का दिल बहला रही थीं। अगर बादशाह उनसे मिलने से पहले सलामत था, तो उनसे मिलने के बाद वो सही–सलामत था...

फिर 2007 में दिल्ली के मुग़ल दरबार में मेरी उनसे मुलाक़ात हुई। हम विलियम डैल रिम्पल के – *सिटी ऑफ़ जिन्स* के 16 शो लगातार कर रहे थे, ये म्यूजिकल इवनिंग्स थीं, और सच ये है कि जोहरा जी परफॉर्म करती थीं और हम उनकी तारीफ़ किया करते थे। वो शामें बहुत ख़ास थीं, इन्हीं दिनों में उनकी उम्र 95 साल पूरी हुई।

अपनी सैंचुरी पूरी करने में उन्होंने सचिन से भी कम वक्त लिया। 90 साल की उम्र पार करने के बावजूद उनकी रफ्तार में कोई कमी नहीं थी, मुगल दरबार में उनका जोश और जुनून तो देखते ही बनता था। वो पूरी तरह एक प्रोफ़ेशनल थीं, और जब लोग उनकी कुछ ज्यादा ही तारीफ करने लगते थे तो वो उन्हें जता देती थीं कि उनकी तरफ़ बहुत ज्यादा ध्यान देने की जरूरत नहीं है। लेकिन लोग ध्यान देते थे, क्योंकि वो बहुत ख़ारा थीं। ऐसा इसलिए नहीं है, क्योंकि वो उम्र के 100 साल पूरे करने वाली हैं, बल्कि ऐसा इसलिए है, क्योंकि वे ज़ोहरा सैगल हैं, जो एक डांसर हैं, एक्ट्रैस हैं, स्टोरी टेलर हैं, हर चीज़ से प्यार करती हैं, और हर कोई उनसे प्यार करता है। इनमें मैं और बादशाह सलामत के अलावा दुनिया भर के और हजारों–हजार लोग शामिल हैं।

ज़ोहरा जी, जिंदाबाद, और जन्मदिन बहुत–बहुत मुबारक हो।

टॉम ऑल्टर

सामने का पृष्ठः
ज़ोहरा सैगल, एक डांसर, एक अदाकारा, एक कथावाचक, एक प्रेमी–हर चीज से प्रेम करने वाली और सब उन्हें प्यार करने वाले–टॉम अल्टर।

आभार

मेरी ग्रैंड डॉटर माध्यमा का बहुत–बहुत शुक्रिया, जिसने फ़ोटोग्राफ़्स को सिलेक्ट करने में मेरी मदद की। मैं अपनी शिष्या अनुराधा वर्मा की भी बहुत आभारी हूँ जो कई–कई घंटे मेरी माँ के साथ बैठी रहती थीं, जब माध्यमा और मैं चयनित हर तस्वीर को नम्बर दे रही होती थी। मैं अपनी बेटी सुजाता को भी नहीं भूल सकती, जो इन घंटों के दौरान हमारा मन बहलाती रहती थी। और सबसे आखिर में मैं शुक्रिया कहना चाहूँगी अपनी माँ को, जिन्होंने अपनी उम्र के बावजूद अपनी ज़िन्दगी के यादगार लम्हों, इवैंट्स और हैपनिंग्स को मेरे साथ शेयर किया। उनके बिना इस किताब को छापना मुमकिन नहीं हो पाता।

बिकाश और तुलतुल नियोगी ने भी बहुत कम समय में शानदार काम करते हुए इस किताब को मेरी माँ के 100वें जन्मदिन पर निकालना मुमकिन बनाया, आप दोनों का भी शुक्रिया।

मैं डॉली ठाकुर को भी शुक्रिया कहना चाहूँगी जिन्होंने एन वक्त पर, कुछ ऐसी तस्वीरें मुहैया कराईं जो बॉलीवुड मूवीज़ में मेरी माँ की शूटिंग के वक्त की थीं। वीर ज़ारा की तस्वीरें यशराज फ़िल्म्स प्राइवेट लिमिटेड के सौजन्य से मिली।

किरण सैगल

सामने का पृष्ठः
'चीनी कम' में तब्बू के साथ।

अनुक्रमणिका